责任编辑：侯　春
封面设计：汪　莹
版式设计：严淑芬
责任校对：王春然

图书在版编目（CIP）数据

孙家栋画传/王建蒙　著．—北京：人民出版社，2022.5
ISBN 978-7-01-022622-4

Ⅰ.①孙…　Ⅱ.①王…　Ⅲ.①孙家栋－传记－画册　Ⅳ.①K826.16-64

中国版本图书馆 CIP 数据核字（2020）第 214057 号

孙家栋画传
SUNJIADONG HUAZHUAN

王建蒙　著

人民出版社 出版发行
（100706　北京市东城区隆福寺街 99 号）

鑫艺佳利（天津）印刷有限公司印刷　新华书店经销
2022 年 5 月第 1 版　2022 年 5 月北京第 1 次印刷
开本：710 毫米 × 1000 毫米 1/16　印张：19.25　插页：1
字数：190 千字

ISBN 978-7-01-022622-4　定价：93.00 元

邮购地址 100706　北京市东城区隆福寺街 99 号
人民东方图书销售中心　电话（010）65250042　65289539

版权所有·侵权必究
凡购买本社图书，如有印制质量问题，我社负责调换。
服务电话：（010）65250042

孙家栋画传

王建蒙 著

人民出版社

中国航天人一代接一代传承创造了辉煌成就，我们的理想还在继续。国家需要，我就去做。

孙家栋
2022年4月8日

2022年4月8日，孙家栋院士在93岁生日这天寄语中国航天事业

目 录

前　言 1

一、少年壮志　脚踏实地 1

二、留学苏联　苦攻学业 9

三、放眼世界　荣获金奖 19

四、踌躇满志　导弹轰鸣 27

五、言传身教　恩师钱老 39

六、大刀阔斧　实现有无 47

七、面对总理　豁然开朗 57

八、中国卫星　太空翱翔 65

九、"实践一号"　柳暗花明 81

十、大义凛然　确保成功 89

十一、天地通信　群星荟萃 101

十二、运筹帷幄　发射外星 123

十三、深空探测　牵手嫦娥 157

十四、疾驰奔月　月宫迢迢 175

十五、北斗导航　造福千秋 197

十六、惊心动魄　斗转星移 211

十七、九旬坐镇　纵观风云 237

十八、追星逐月　圆梦太空 245

十九、日月如梭　知足常乐 259

二十、心系苍穹　永不停歇 275

孙家栋院士大事年表 289

后　　记 302

前 言

少年勤学、青年担纲,孙家栋是国家的栋梁。导弹、卫星,嫦娥、北斗……满天星斗璀璨,写下孙家栋的传奇。年过古稀未伏枥,犹向苍穹寄深情。孙家栋已经成为亿万人民仰慕的楷模和榜样。

为人民出版社撰写《孙家栋画传》,是件很有意义的事情;用朴实的文字、翔实的内容、通俗的故事写出一位真实的科学家孙家栋,也是一件艰巨的事情。这是因为,要从航天事业的宏大视野、从日常工作的细微举止来剖析这位科学家的内心世界并非易事,但面对读者书写孙家栋,也是我自觉且乐意做的事情。航天本身就是一个知难而进的职业,我的职业素养使我自发而行、自觉而动。

我认识孙家栋已经40多年。那时,我是西昌卫星发射中心从事航天发射的新兵,孙家栋是中国通信卫星总设计师。我奉命调到北京总部机关卫星发射部门后,在会议、卫星总装厂房、发射现场接触孙家栋的机会陡然增多。尤其是中国航天对外开放、用中国火箭发射外国卫星、开展航天国际合作那段难忘的日子里,孙家栋的光辉形象激励着我们这些年轻的科技人员。人生的爱好与努力成正比。大学期间本是学发电的我,却搞了一辈子航天发射;本职搞航天发射技术的我,却从写孙家栋开始,逐步增添写航天的业余爱好,一直写成中国作家协会会员。

大学毕业后,我非常幸运地在卫星、火箭发射场结识了许多科学家。火箭专家任新民院士、电子专家陈芳允院士、光学专家王大珩院士、导弹专家黄纬禄院士、航天专家孙家栋院士……他们都是中国"两弹一星"功勋科学家;在航天征程中,航天及测控专家沈荣骏院士,导弹控制与航天专家栾恩杰院士,中国科学院、中国工程院两院院士,国家最高科技奖获得者刘永坦,航天发射与指挥专家胡世祥、张建启,导弹、火箭专家龙乐豪院士,航天弹道专家余梦伦院士……他们都是中国老一辈科技工作者的典范和优秀代表。他们都是令我敬佩的科学家和领导。在我心中,他们具有助人为乐、心地善良、知识渊博、意志如钢、不畏艰险、敢于担当等坚毅品质;他们与孙家栋一起,创建、亲历、见证了人民共和国航天事业走过的辉煌历程;他们在中国伟大的航天事业进程中,都起过非凡的作用;而他们在平常的工作、生活中,却谦虚和蔼、风趣幽默、宽以待人。

孙家栋是中国航天事业开拓者之一,60多年来,他对航天事业矢志不移。如今已是"90后"的孙家栋,仍然毫不停歇地追求着航天给人们带来福祉的美好愿景。孙家栋的坚韧不拔和为人师表不仅使我终身受益,也期望此书能为读者朋友们带来心灵感悟,以及在人生长河中不懈奋斗并实现理想的澎湃动力。

一、少年壮志　脚踏实地

时光倒流93年,追溯到公元1929年4月8日。孙家栋在这一天降生人世。

这一年,中国正是兵荒马乱的军阀混战年月,但辽宁省盖平县也许因为地处僻壤,远离战火,倒还是一片安宁。在这万物复苏、春暖花开的季节,一座老式院子里突然传出婴儿的啼哭声。这一声接一声的有力啼哭如同平静湖面泛起的涟漪波纹,向外扩展冲向天空,向这个小县城的人们报晓:老孙家又增加了一口人丁。

啼哭的孩子是个大胖小子,在孙家已有的三个儿子和两个女儿之后排行老六。父亲孙树人老来得子,自然十分高兴,为了给儿子起个顺口又吉祥的名字颇费了一番脑筋。两天两夜后,孙树人一拍脑袋,给儿子取名叫孙家栋。

在那个年月,老孙家添丁进口,左邻右舍争相道喜。这个说,虽说现在是乱世,要我看,这孩子小脸儿喜兴,将来肯定有出息呀!那个讲,这孩子出生在我们这个安宁的小镇,看模样儿就是个言语不多、聪明伶俐、将来能有大作为的小子!

没想到,邻居们的祝福话还真的应验了。孙家栋果然从小就喜爱读书,他的学习成绩在班级里总是名列前茅。他虽然话不多，但做事稳健、不急不躁、踏踏实实。

转眼到了1942年6月，13岁的孙家栋以优异成绩被哈尔滨第一国民高等学校土木科录取。那时，孙家栋的理想是做一名工程师。小小年纪的孙家栋，在脑海里想着长大以后要盖好多好多大高楼，还要建水坝、修跨河大桥。

可是，孙家栋入学后不久，日本侵略的战乱迫使学校停课。孙家栋无法读书，只好回到自己的家乡。此时，孙家已经成了大家庭。大伯、堂叔家兄弟们的亲情与热情，祖辈留下的田地芳香，远离喧闹城市的自然风光，都令孙家栋有一种不言而喻的亲切感。然而，这些新鲜环境并没有让孙家栋的求知愿望迷失。他自幼就有坚定的理想：我要读书！我一定要创造机会去读书！我一定要成为一个有知识、有文化、能干大事的人！

理想，如展翅的雄鹰在蓝天下放飞，盼望着冲向更远的天际！

1948年9月，孙家栋听到哈尔滨工业大学即将招生的传闻。这一消息让企盼已久的孙家栋立马来了精神。

孙家栋想，哈尔滨工业大学是苏联人严格管理的学校，不仅制度正规、教学严谨，而且还有许多深邃莫测的先进科学技术令人向往，要是能够在那里读书该有多好呀。

可是，让孙家栋没有料到的是，他虽然通过了哈工大的各项考试，但仍然有一道鸿沟横在他面前。哈工大的老师们都用俄语授课，要想在哈工大上学，首先就得过俄语关，而孙家栋当时还却是个俄语盲。

这巨大的障碍，孙家栋能跨过去吗？

不服输的孙家栋暗自下了决心："哼！你们说俄语不好学，我倒偏要试一试，它倒是怎么个难学法？这道鸿沟，我一定要跨过去！"

孙家栋话虽少，却不信邪，而且说做就做。尽管俄语语法繁杂、变格多样、发音绕嘴，其中软、硬音的结合令许多初学者感到晕头转向，可是，经过一年多努力，颇有犟劲儿的孙家栋，一举闯过了俄语关。

孙家栋拿到俄语课成绩单，由衷的喜悦无以言表。语言在这里是一种必需的工具，学俄语时的那种刻苦很重要，但掌握俄语后学习各种知识更重要。

学校是知识的殿堂，这里将给你插上科学的翅膀，可以让你在无止境的学问空间自由翱翔。孙家栋在这个知识的殿堂里奋力吸吮，扎实而系统地体验到知识的力量。这些知识，为他日后深造奠定了基础，并让他终身受益。

1950年农历正月十五，孙家栋在哈工大吃过午饭，准备去姐姐家过元宵节。他从饭堂匆匆回到宿舍，收拾给姐姐带的东西。

这时候，一位同学兴冲冲地推开宿舍门："家栋，你今晚别去姐姐家了。你不是爱吃红烧肉吗？饭堂刚才通知，今天晚饭加餐，有红烧肉。怎么样？有没有诱惑力？"

"真的？"在那个食品短缺的年代，品尝红烧肉的诱惑让孙家栋抿了抿嘴唇，禁不住咽了下口水。红烧肉可不能错过，他说着，抬手打了个响指，高兴地说了句："哒（俄语，

一、少年壮志　脚踏实地

2008年4月，孙家栋（第一排左四）与哈尔滨工业大学1948级的同学们合影留念

意为'行'），哈啦硕（俄语，意为'好'）。吃完红烧肉，我再去姐姐家。"

孙家栋没有想到，他这个吃顿红烧肉的决定，竟改变了他一生的命运。那天傍晚，孙家栋和同学们正享受弥漫着香气的红烧肉，饭堂里来了几名学校负责人。

"各位同学，大家先把饭碗放一下。现在，我要宣布一个与大家都有直接关系的通知。"这位学校负责人说着，登上饭桌前的凳子，大声说，"大家都知道，不久前，我们新中国成立了人民解放军空军。上级决定，将从你们这批学生中选拔飞行员和工程技术人员充实空军队伍。同学们有志参军到空军部队的,饭后到我这里报名,接受组织的审查和挑选。有一条请注意:由于任务很急,现在就开始报名,我们马上审查;批准后,今晚立即出发!"

随着同学们兴奋的感叹和掌声,孙家栋不由得停止咀嚼嘴里的红烧肉。年轻人固有的血气方刚,使他内心的激动向浑身散发。他眼前浮现出几个月前毛泽东主席在北京天安门城楼上向全世界宣告中华人民共和国成立的动人情景,又回想起中国人民解放军伴随嘹亮的进行曲,迈着雄壮步伐接受检阅时威武的飒爽军姿。

当机立断,果敢行事。在人生抉择的又一关口,孙家栋没有丝毫犹豫:"我要参军。我要做一名军人。我要驾驶战机,驰骋祖国的蓝天,接受人民共和国和毛主席检阅。"

想到这儿,孙家栋把饭拨拉进肚,毅然填写了入伍申请登记表。短短几个小时后,他就被光荣录取。那个年代,哪有什么手机、微信、短信?打电话也不方便,甚至与姐姐说句告别话的机会都没有。孙家栋收拾好最简单的行装,怀着对祖国、对未来的无限憧憬,登上了前往中国人民解放军空军第四航空学校的列车。

如果说机遇是为有准备的人准备的,那么,这个机遇就是为孙家栋平时的准备所赐。1950年3月,孙家栋由一名踌躇满志、思想单纯的学生,成为精神抖擞的中国人民解放军军人。

当时,空军第四航空学校设在沈阳。由于学校急需俄语

一、少年壮志　脚踏实地

翻译，俄文成绩优秀的孙家栋立刻就派上了用场。报到后，学校分配孙家栋为苏联航空教官做授课翻译。

21岁的孙家栋初入工作岗位，与人民共和国一样年轻。也与人民共和国急需技术人才一样，他多么渴望多多学习科技知识。孙家栋想，我们这些青年人要是停滞不前，不抓紧学习先进的科学技术，国家让我们在新中国一穷二白的版图上画出最美最好的图画就是一句空话。

如果说平时的勤奋与努力是积累的话，那么，孙家栋又一次迎来了机遇的召唤。

1950年4月，孙家栋在位于沈阳的空军第四航空学校做俄文翻译时留影

二、留学苏联　苦攻学业

20世纪50年代初的中国,百废待兴。为了更好地学习苏联的经验和科学技术,国家开始分期分批向苏联派遣留学生。去苏联的留学挑选比起航空学校的入伍挑选大不一样,条件繁多,要求严格,入选门槛更是让人望而生畏。

孙家栋此时也面临着人生转折。他想,要以接受人民军队挑选的自信,争取这个到苏联学习先进科学技术的机会。只有学到真本事,才能更好地建设祖国。

经过预选、初选、笔试、口试等层层关口,孙家栋的名字进入了预定派遣学生的名册。尽管这样,他还必须经过入选后的特定考核,还要经过逐级严格审批。1951年7月,孙家栋以优异的考试成绩和工作业绩,随同另外20多名军人前往北京,接受最后一轮面试选拔。炎热的盛夏,孙家栋与全军选送来的300多名优秀、帅气的年轻军人,在这里接受多种内容的挑选。这300多人中,最终只有30人获批去苏联茹科夫斯基空军工程学院读书。

孙家栋不负众望,在层层筛选中胜出,欣喜地获得了录取通知。他抑制不住内心的喜悦,激动地大声呐喊:"我要去苏联空军学院学习去喽,我要去苏联空军学院深造去喽!"

二、留学苏联　苦攻学业

当时，国家为了培养年轻的专业技术人才，是不惜代价的。在那个物质基础非常匮乏的年代，空军特地选择质地最好的毛哔叽衣料为孙家栋他们量体裁衣，定做了新军装。一米八个头的孙家栋本来就身材魁梧，穿上合体、笔挺的新军装后，更显得英俊潇洒。

1951年4月3日，孙家栋（左）赴苏联学习前，在沈阳与三哥孙家楠合影

1951年的秋天乍寒还暖，满山的枫叶浓郁正红。在这秋高气爽的季节里，孙家栋怀着满腹的理想和拳拳报国之心，踏上了前往莫斯科的征程。

怀揣期望负重托，踌躇满志莫斯科。那个年代，孙家栋他们去苏联能够选择的交通工具只有火车，而抵达莫斯科要经过七天七夜的长途跋涉。在这漫长的征途中，孙家栋一边欣赏沿途的景色与风光，一边憧憬着莫斯科。实际上，他的心早已飞到了充满想象的茹科夫斯基空军工程学院，遐想那座能够用知识征服天空的科学殿堂！

出国以前，孙家栋曾经看过许多有关苏联和莫斯科的介绍，也听过不少关于莫斯科的逸闻趣事，苏联世界一流的农业机械化、工业自动化、飞机、舰船、坦克、大炮都充满奥秘，但毕竟百闻不如一见。来到莫斯科以后，孙家栋和他的战友们才真正感到，世界上第一个社会主义国家洋溢的西洋景比想象的还要新奇，那里的雄奇建筑和美丽风光令他们陶醉！

孙家栋一行来到地面铺着天然大石块、四周环绕尖顶红星宏伟建筑的红场，开口向当地人打招呼后，友好地问道："您好，我们是从中国来的。想问一下，克里姆林宫对面那座外形像宫殿一样的漂亮建筑，是干什么用的？"

"德拉斯维基（俄语，意为'您好'）！柯达伊、柯达伊（俄语，意为'中国、中国'），哈啦硕、哦青哈啦硕（俄语，意为'好、很好'）！"豪爽的莫斯科汉子竖起大拇指，热情地对孙家栋他们说，"苏联人民欢迎你们！你问的这个建筑是苏联最有名的古姆百货商店，也是莫斯科最有名气的购物商场。"

孙家栋和他的战友们一听，愣了一下！大家你瞧瞧我，我瞧瞧你，这么宏伟漂亮的建筑，竟然是一个百货商场，简直太奇特、太不可思议了。大家不免十分赞叹！后来，他们怀着好奇的心理，仔细考证后，终于弄清楚了，这座极具欧洲古典风格的米黄色建筑建于1893年，是世界知名的十大百货商店之一。它与其说是商店，不如说更像宫殿，与旁边色彩瑰丽的瓦西里升天大教堂、克里姆林宫和谐地组成红场上一道亮丽的风景。

孙家栋他们从莫斯科红场地铁站,坐着从未见过的滚动式电梯,从地面来到像迷宫一样、地下有三层的地铁里,欣赏着每层不同特色的大型壁画和比真人还要高大的精致雕塑,又不禁像雕塑一样愣在了那里!过了好一会儿,大伙儿才慢慢地反应过来,这就是科学技术的体现,这就是现代工业革命带来的奇迹。

年轻的孙家栋亲眼见到苏联人民在战后很短时间内的宏伟业绩,激发了内心的一阵阵激情,恨不能马上学会所有的知识,马上回到祖国去建设自己的国家。

孙家栋把自己的心里话向战友们表述后,大家都有同感:"我也是这么想的。我们应当赶快把所有精力投入到学习中,将来回国后用扎实的本领建设伟大的祖国。"

确实是这样。大家内心非常清楚,跨出国门来到苏联学习,很不容易,机会难得,不能浪费光阴,不能辜负祖国和人民的期望,一定要刻苦学习,学到最先进的科学技术,报效新中国。

位于莫斯科的茹科夫斯基空军工程学院是一所在国际上享有盛名的军事高科技学府,所有在校师生都要遵守纪律严明、整齐划一的集体生活军事化管理制度。经过半年的磨炼,孙家栋他们这批新来的学生,不仅很快熟悉了周围的环境,而且渐渐与来自不同社会主义国家的留学生和苏联同学打成了一片。

孙家栋他们是新中国最早的留学生,在茹科夫斯基空军工程学院，按照教学大纲，系统学习飞机设计专业。国家和部队对他们寄予了无限的希望，提供的生活待遇也很优厚。这些都激励孙家栋在学习上不断给自己加码，除了白天上课之外，还在晚上挤出时间做练习、巩固和预习，经常学习到凌晨一两点钟。

一天夜深人静，学院一位身穿军装的苏联辅导员，忍不住悄悄来到仍在教室里孜孜不倦学习的孙家栋身旁："达瓦里希孙（俄语，意为'孙家栋同志'），现在已经是学院的熄灯时间了，你为什么还在这里看书而不回宿舍？"

听见辅导员这样问，孙家栋从书堆里探出头来，立正站起："哦，对不起，辅导员同志，也许我看书太过于专注，忘记了熄灯时间。"

"哦，是这样啊。可是，孙家栋同志，你们中国留学生都是起床最早、睡觉最晚。你们这样拼命学习，难道、难道

1953年，孙家栋在苏联茹科夫斯基空军工程学院的实验室做实验

不感到疲倦吗?"

辅导员这么一说,孙家栋才感到自己确实很疲倦。他使劲儿眨巴眨巴眼睛,冲着辅导员笑着回答:"我们所有中国留学生来到莫斯科,能够在这所世界知名的学府学习,都十分珍惜这个机会。所以,必须抓紧一切时间,把老师教给我们的知识吃透、弄清、巩固。"

辅导员望着刻苦而执着的孙家栋,既佩服又不解,只好苦笑着摇摇头。确实,虽然学院的作息规定是明确的,可面对如此上进好学的中国学生,这位苏联辅导员也只能以钦佩的情感灵活对待了。

知识如大海,学习如海绵。面对大海一样浩瀚的知识宝库,孙家栋就像一块吸不满水的海绵,坚持不知疲倦地用功学习。在孙家栋的记忆里,预科班班主任茹可娃老师、讲授通用物理学的卡拉普托夫老师、讲授实用几何学的犹太裔卡耳贝尔老师,以及体育课老师、基础课教官、专业课教官、实验室教官和辅导员等人,都给他留下了难以忘却的深刻印象。

凭着良好的记忆力,孙家栋对每门功课的内容都能在极短时间内背得滚瓜烂熟,每次都有充足的把握应对考核。

记得有一次,孙家栋所在班进行航空发动机理论考试,担任主考官的是苏联科学院院士、赫赫有名的大学者涅卡耶夫。

涅卡耶夫采取的是一个学生一个学生

孙家栋在苏联留学期间使用的牛皮文件包
(王建蒙摄)

分别进行的考试方法。轮到孙家栋上场,恰好涅卡耶夫拿的考题是航空发动机静态下主要性能的推导,他按照考卷开始了对孙家栋的提问。

孙家栋听到题目后先是一愣,但稍加思考就镇定下来。他想了想,根据平时看书时的记忆作了回答。殊不知,当孙家栋已经将问题回答到一半的时候,在座的人员发现涅卡耶夫沉默不语,皱着眉头停顿下来。孙家栋看着涅卡耶夫的表情,不知道自己的回答有什么过错或不妥。他一头雾水,忐忑不安地凝望着涅卡耶夫面部的表情变化。原来,涅卡耶夫突然意识到,自己由于疏忽拿错了考卷,把高出一级的考题提向了还没有学过这些课程的孙家栋。不过,令涅卡耶夫惊奇的是,坐在他面前的孙家栋竟能将问题回答得如此正确,这不能不引起他的浓厚兴趣。

等孙家栋将问题全部答完,涅卡耶夫新奇而兴奋地对孙家栋说:"恭喜你,孙家栋同学!你的回答很完美、完全正确。可是、可是,我有个不解之处。我想问你,讲授这些问题的课程似乎你们还没有学过,但你怎么能够回答得如此好?"

孙家栋诚实地答道:"我预习后面的课程时,在图书馆曾经看过这些内容。这次,我能够提前回答这个问题,应该是我的幸运。在这里,我得感谢涅卡耶夫教授。"

孙家栋平缓却又婉转而适度的回答,令涅卡耶夫十分高兴。他有些动情地对孙家栋说:"孙家栋同学,你是我在教学生涯中遇到的最难忘的学生之一。我为拥有你这样的学生而高兴，对中国学生勤奋和刻苦的学习精神表示赞赏，同时，也为茹科夫斯基空军工程学院拥有你这样的学生而感到骄傲和自豪。孙家栋同学，祝贺你！谢谢你！"

从此，孙家栋崭露头角，他的名字开始渐渐被学院师生们熟悉。

三、放眼世界　荣获金奖

1957年11月17日，莫斯科初冬降临，地面和房顶已经是白雪皑皑。天气虽然寒冷，但对于在莫斯科留学的中国学生来说，他们内心却激荡着火一样的热情。这是一个非同寻常的日子，正在莫斯科访问的毛泽东主席将会见在莫斯科学习的中国留学生。

这一天，孙家栋和他的中国同学们，如同受阅般，头一晚就各自认真准备着自己的服装风纪。他们把高筒皮靴擦得锃亮，又用盛满开水的搪瓷缸把军装熨得笔挺。孙家栋他们大清早起床后，整理好军人风纪，军官大盖帽扣到头顶后有意左抬右压，给人一种帅气中隐含的傲气。他们从学院出来，昂首挺胸上了地铁。在地铁车厢里，即便有座位，他们怕把衣服弄皱，个个精神抖擞地抓着扶手立在车厢里。当他们发现人们投来赞许的目光时，年轻人固有的自豪感又夹杂了些许虚荣的满足。孙家栋一行准时来到莫斯科大学大礼堂前，与参加会见的3000多人会合。因为莫斯科大学的大礼堂没有多余的座位，礼堂的过道上也满满当当挤着中国学生。大家翘首以待，热切期盼着与伟大领袖、与祖国来的亲人见面。

突然，全体中国学生欢声雷动，毛主席来了，毛主席来

三、放眼世界　荣获金奖

了。毛主席登上讲台，向留学生问好后，一边谈笑风生，一边从讲台的两边来回走动。台上，毛主席频频向学生们招手致意；台下则群情沸腾，意气昂扬。也就是在这一刻，孙家栋有生以来，并且是在异国他乡，第一次见到了敬仰已久的伟大领袖毛主席。

随即，毛主席向同学们发表演说。孙家栋聆听到：世界是你们的，也是我们的，但是归根结底是你们的。你们青年人朝气蓬勃，正在兴旺时期，好像早晨八九点钟的太阳。希望寄托在你们身上。世界是属于你们的。中国的前途是属于你们的。

毛主席的讲话激起礼堂内外一阵阵热烈的掌声。人群里的孙家栋与所有留学生一样，使劲鼓掌，把手掌都拍红了。毛主席还说：你们青年人应当具备两点，一是朝气蓬勃，二是谦虚谨慎。在这个世界上，什么都不要怕，怕就怕"认真"二字，共产党就最讲认真。

毛主席的讲话风趣幽默、亲切和蔼。台上台下，有问有答，礼堂内充满欢声笑语。

因为孙家栋他们是军校学员，在会场还担负着维持秩序的任务，所以，他们的

1957年11月17日，毛泽东在苏联莫斯科接见中国留学生

位置在靠近讲台的最前方，他们听毛主席讲话最清楚，看毛主席挥手的动作也最真切。在那个激情振奋的时刻，毛主席极具鼓舞性的号召又一次激励着孙家栋的学习热情。

毛主席最后说：第一，和苏联朋友们要亲密团结；第二，青年人既要勇敢又要谦虚；第三，祝同学们身体好、学习好、将来工作好。

大约一个半小时的会见和演讲就要结束了，前来接受毛主席接见的中国留学生们依依不舍、雀跃告别。大家一直把毛主席送到礼堂外面，又将毛主席目送到很远。当毛主席乘坐的轿车从大家视野里逐渐消失的时候，很多人仍然站在原地不肯离去。就在这时，不知哪位同学带头喊起了口号。于是，所有的同学们都跟着喊起来：

"为党工作50年！"

"为祖国工作50年！"

这是两句带有时代特征的口号。站在人群中的孙家栋也无比激动地跟着呼喊："为祖国工作50年！为党工作50年！"这是他们当时内心世界的真实反映。毛主席的这次讲话鼓舞着孙家栋，也鼓舞着中国整整一代人。

孙家栋认为，报效祖国要有真才实学，必须努力再努力。

苏联茹科夫斯基空军工程学院有一个激励学生上进的传统做法，就是把每年年终考试获得全优的学生照片放入学院大门口的"明星榜"。如果年年都能保持全优的成绩，他的照片就会每年往上挪一次；并且，这些照片排列得像

三、放眼世界 荣获金奖

宝塔一样，尺寸一年比一年大。当然，随着照片越来越大，能在"明星榜"上出现的照片也越来越少。等照片依次到了最顶头的宝塔尖儿，这位学生就到了临近毕业的最后学期了。

学院同时还规定，照片能升到宝塔尖儿的学生，可以荣获一枚纯金质的"斯大林奖章"。这枚奖章对苏联学生来说，那是梦寐以求的期盼。这是因为，奖章获得者不仅享有令人向往的荣誉感，而且毕业时，可以比普通学生晋升一级军衔，可以优先选择自己满意的工作，可以带双份工资享受三个月的假期。这么多的"可以"足以让人垂涎，但得到它们并非易事。

孙家栋在茹科夫斯基空军工程学院因为勤奋努力，一直保持着年年全优的成绩，所以，"明星榜"上年年都有他的明星照。

在苏联留学时的孙家栋

1958年3月10日，即将毕业的孙家栋仍然保持着门门5分的优异成绩，他的明星照自然升到了最顶端，他荣获了苏联最高苏维埃主席团颁发的纯金质"斯大林奖章"。

当时，在所有留苏学生中，能够得到纯金质"斯大林奖章"的可谓屈指可数。当孙家栋登上苏联红军俱乐部的领奖台，正步走向代表苏联最高苏维埃主席团的学院领导，接受颁发的奖章时，荣誉感和自豪感油然而生。这枚来之不易的纯金奖章不仅仅是孙家栋的光荣，同

孙家栋荣获的"斯大林奖章"

孙家栋留学苏联的毕业证书

时也是全体中国留学生的光荣。他面向大家抬起右手,庄重地行以军礼的那一刻,又一次赢来学院所有教师和同学们的热烈掌声,再一次成为人们赞赏和羡慕的聚焦点。不过,荣耀很快就被孙家栋抛到了脑后,他也很快就从获得奖章的热烈场面回到了自己的内心世界。回国的日子一天天在倒计时。"毕业后立即回国,祖国的社会主义建设正需要我们。我要用学到的本领报效祖国。"这就是孙家栋当时的心声。他早已归心似箭!

正当孙家栋为尽早回国工作默默准备的时候,学院两位资深的苏联教官奉命找他谈话。

男教官问:"孙家栋同学,你想好了一定要回中国吗?我觉得,你若能够留下来,在苏联工作或者做研究,对你以后的发展会更好。"

女教官说:"我认为,你要是能留在我们国家,这里的

三、放眼世界 荣获金奖

教学环境和科学研究条件，对你继续深造将会更为有利。在这里，我们可以为你提供更好的条件，让你能够更好地开展科学研究。"

孙家栋对他们的谈话似乎早有心理准备，他很有礼貌，但态度坚定、不容置疑地谢绝了这两位教官。

男教官又问："孙家栋同学，你一定要走？难道你就一点儿不为个人的前途和学术的发展着想？"

7年寒窗、7个春夏秋冬、2000多个日日夜夜，孙家栋对茹科夫斯基空军工程学院有着深厚的情感：教授、教官们的厚爱，同学们的友情，校舍、教室、操场、饭堂、图书馆……

1958年3月，孙家栋（最后一排左三）与22位中国同学于毕业前夕，在苏联茹科夫斯基空军工程学院合影

往日的苦读历历在目,而这一切都是为了这一刻!

"孤帆远影碧空尽,唯见长江天际流。"孙家栋对祖国怀有强烈的情感,这份情感比对苏联和茹科夫斯基空军工程学院的留恋更深沉、更厚重!

孙家栋对盛情挽留他的老师和同学说:"特别感谢茹科夫斯基空军工程学院的教授、教官和同学们,感谢你们在这些年对我的关爱、培养和帮助,也感谢学院对我的友好善意挽留,但是,我不能留在这里。这是因为,我的理想在中国,那里是我的家,也是我的根。现在,我的祖国急需我回去搞建设,难道我能不回去吗?"

1958年4月,孙家栋沐浴着万物复苏的明媚春光,急切地登上了归国的列车。

四、踌躇满志　导弹轰鸣

孙家栋学成归来到达北京之时，正值新中国决定：把中国导弹事业正式列入国家重点工程发展计划。

1956年10月8日，是中国航天发展史上一个值得纪念的日子。这一天，中国航天事业最早的火箭和导弹研究机构——国防部第五研究院正式成立。成立仪式由聂荣臻元帅主持，冲破重重障碍从美国回到祖国的钱学森被任命为国防部第五研究院首任院长。

1957年11月16日，如今中国运载火箭技术研究院的前身——国防部第五研究院第一分院也宣布成立。党中央、国务院对发展中国导弹事业高度重视，周恩来总理亲自颁发任命书，国防部第五研究院院长钱学森同时兼任一分院院长。

新组建的国防部五院急需技术人才。当时主管科学技术的副总理、同时兼任国防部航空工业委员会主任的聂荣臻元帅给时任空军司令员刘亚楼上将打电话："亚楼啊，是我，聂荣臻。听说你们空军留学苏联的军校状元们要回来了，我想，你这批状元先都给我吧。你知道，国防部五院刚刚成立。现在，国家确定要搞导弹，缺乏技术人才呀！你可要支持啊。"

四、踌躇满志 导弹轰鸣

刘亚楼听到聂荣臻的话，虽然心里舍不得，但嘴上也不敢反驳，只好央求聂荣臻："聂老总，老首长，你提出要人，量我斗胆，怎么也不敢不给，可不可以把三分之二给你，给我留三分之一，留给我8个人行不行？"

刘亚楼知道，聂荣臻言语不多，但这位从战场上走出来、能文能武的老领导是个痛快人。聂荣臻停顿了片刻，干脆地说："好，就按你说的办。"

在刘亚楼提供给国防部五院的名单里，孙家栋的名字列于其中。于是，在留苏归国5个月后，孙家栋拿着一纸调令，来到一分院下属的导弹总体设计部。孙家栋带着他7年寒窗苦读积累的飞机发动机知识，开始了对新中国导弹发动机的研究。

这天，刚刚来到国防部五院一分院没几天的孙家栋，清晨走进办公室，听见保卫部门的主管领导正宣布纪律："大家都注意了。我们现在所在单位，承担着国家导弹武器研制任务，我们从事的工作是要严格保密的。我们对外的统一称呼为0038部队。我们所有人员都不能向任何人泄露单位性质和工作、驻地情况，包括自己的父母、妻子和家人。"

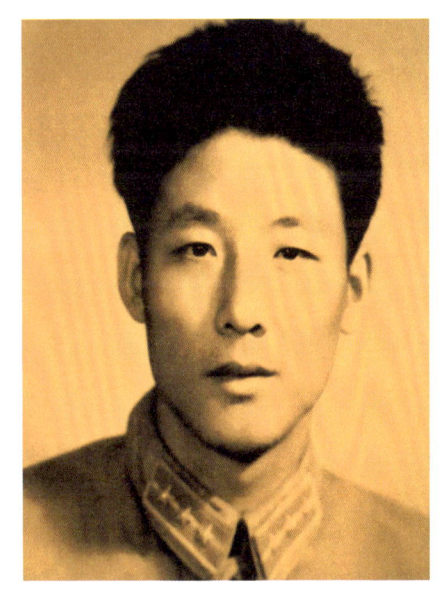

从苏联留学归国的孙家栋

研究院保卫部门领导的讲话，让孙家栋立刻感受到工作的重要性和当时形势的紧张程度。这对曾远离祖国、在异国他乡生活多年的孙家栋来说，既新奇又严肃。

29

当时，导弹武器重点工程正有序推进，严格的保密措施对于担负着重要国防科研任务的单位，无疑是十分必要的。

也就在此时，孙家栋得知担任国防部五院院长的是钱学森，禁不住一阵阵高兴。这是因为，孙家栋在一些公开的报道上看到过钱学森的消息，知道钱学森是世界知名科学家。孙家栋想到今后将在钱学森领导下工作，觉得自己的运气真好。但他转念一想，要面对钱学森这样一位研究导弹武器的知名科学家，自己却对这个学科的知识一无所知，这些年学的都是航空专业，不仅对导弹原理和关键技术很陌生，更别说设计导弹、制造导弹、发射导弹了。孙家栋心里真是一点儿底都没有，内心有一种空落落的感觉。

20世纪50年代末的中国，经济薄弱，技术落后，人才短缺，在一无设备、二无资料的条件下，建立和发展导弹事业可谓是一张白纸、两手空空。新分配到一分院的队伍里，有学数学的，有学机械制造的，也有学化学和力学的，却没一个与研制导弹真正沾边儿的。孙家栋这学航空的，反倒是和导弹设计研制最沾边儿的人。

那时候，钱学森亲自讲授导弹概论，亲自编制授课大纲，并请庄逢甘教授讲空气动力学，请梁守槃教授讲火箭发动机，请朱正教授讲制导系统……

孙家栋回顾中国航天走过的历程，感到中国航天初创时，中国航天人展现出建立在科学思考基础上的魄力，以及为国家、为民族不怕担风险的大无畏精神，就是后来总结出来的"自力更生、艰苦奋斗、大力协同、无私奉献、严谨务实、勇于攀登"的精神。孙家栋他们那一代人是中国航天创业的践行者。

历史在某些时候很有戏剧性。200多年前，中国的康熙皇帝曾经把两份中国古代在举行盛大活动时使用的礼花、焰火、火箭，作为礼物送给俄国沙皇。时过境迁，200余年后，苏联作为武器装备援助，送给中国两枚可以借助发动机推力自主飞行数百公里的导弹。而中国研制导弹的起步阶段，就是从仿制苏联"老大哥"赠送的两枚现代导弹开始的。

在那个年代，人们对所谓导弹还很陌生。拿到外文资料后，就连有丰富经验的翻译，也不知该如何翻译 Guided Missile 这个名词。这是因为，在中国当时的英汉词典里还没有这个名词。有人将这个词译作"飞弹"，还有人译作"带引导的弹"，但都不标准，也不形象。最后，还是由钱学森一锤定音，确定译作"导弹"。

孙家栋一来到导弹总体设计部，立即加入苏联"P-2"导弹仿制和改型设计的工作行列，开始了仿制导弹的研究工作。他们这些年轻的科技人员昼夜加班加点，以最快速度完成了图纸描红、原理研究、仿制消化、吸收反设计、改进创新等艰苦的历程。孙家栋凭着自己在苏联打下的扎实理论知识基础，很快就初露头角。

新中国的航天事业刚刚开始起步，犹如一张白纸没有负担。孙家栋从苏联学成归来踌躇满志，风华正茂，他日夜不停地在摞得像山一样高的资料堆里翻译资料。资料翻译出来后要系统地归类，尤其是对导弹总体技术指标和总体技术数据要进行验算，通过模仿设计，把导弹技术吃透，力争掌握苏联的导弹设计思路。

聂荣臻曾把仿制导弹形象地比喻为"爬楼梯"，意思是要一步一个台阶地通过仿制把导弹技术研究透，为以后自行研制导弹奠定基础。孙家栋他们在翻译资料的同时，还以苏联导弹给定的技术指标为基础，通过正常的设计程序进行反设计。这样，利用每一阶段的实际计算结果与苏联提供的资料和数据进行比对，以此验证计算方法和计算公式的正确性，为以后的自行研制摸索经验。

1960年8月，孙家栋被任命为导弹型号总体设计室主任，他随"东风一号"导弹试验队秘密开赴酒泉发射基地执行导弹发射任务。11月5日，中国第一枚仿制的近程地地导弹发射上天，获得圆满成功。孙家栋和他的战友们情不自禁地欢腾起来，许多参加这次试验的同志都不禁流下了激动的泪水。

当时担任国防科委主任的聂荣臻元帅亲临导弹发射现场。当导弹点火升空，按预定计划圆满完成飞行试验后，坐在指挥台旁的聂帅激动地站起来说："这是在中国地平线上飞起的中国人自己制造的导弹，是参加研制和发射试验的广大工人、技术人员、干部、解放军指战员辛勤劳动的结果，也是我军武器装备史上的一个重要转折点。"

虽然是仿制的，但中国在自己的发射场，成功发射了自己制造的导弹。中国拥有导弹这一现实，填补了尖端武器的空白。孙家栋当时的心情异常激动，这成功的背后也同样有他的心血。与此同时，中国自行设计的中近程导弹也进入了紧张的组装阶段。

然而，1959年7月16日，苏联突然照会中国政府，单方面决定，撤回在中国工作的全部专家和顾问。从7月28日起，不等中国方面给予答复，在不到一个月的时间里，就撤走了1390名苏联专家，撕毁了中苏两国政府签订的12个协定、两国科学院签订的300多个合同，废除了200多个科学技术合作项目，使中国的经济建设蒙受巨大损失。

孙家栋对中苏关系从亲密到分裂，苏联最高领导人赫鲁晓夫突然下令撤走全部专家、带走所有资料、停运所有援华设备，感到十分震惊。多年后，孙家栋回忆说："研制导弹这么大的事情，苏联人口口声声说是援助，大张旗鼓说是支持，可是那么大的摊子、那么多搞到半截子的工作，什么也不说，第二天早上拍拍屁股就走了。这让我们特别不可理解，给我们工作造成的损失确实是太大了。就从这一点来讲，我们辛辛苦苦干了这么件事情，你苏联给我扔了就走，你这不是坑人是干什么呢？所以，苏联专家走了以后，当时大家那个干劲儿不是低潮，相反地，激发出了一股儿干劲，一鼓作气，自己把导弹干起来。"

气愤归气愤，中国的导弹照样要加速研制，科研工作必须一步一个脚印地扎实进行。压力常常会变成动力。面对着苏联专家留下的烂摊子，孙家栋和广大科研人员不仅没有唉声叹气，反而更加干劲十足："苏联人以为，他们招呼都不打就撤走，我们再不能搞导弹了！这种背信弃义的做法只能激发我们的爱国热情，让我们发奋搞出来自己的导弹。"

从那一天起，孙家栋更自觉地加班加点，日夜不息地埋在资料堆里看数据、翻译资料。功夫不负有心人。他们循序渐进摸索到了导弹原理的思路，也很快掌握了导弹制造的关键环节。

科学试验就是把人们尚未掌握，而且在理论上尚无结果的问题通过实践的方法进行验证，从而获取最有价值和最具改进提高前景的经验、数据及规律，并同理论相吻合，以利快步向成功迈进。

天有不测风云。1962年3月21日，中国自行设计研制的第一枚中近程地地导弹首次发射，由于控制系统失稳，导弹刚刚起飞就坠毁在导弹发射台附近。孙家栋看着眼前浓烟滚滚、一片火海，心情异常沉痛。多日来没日没夜的辛劳成果瞬间毁于一旦，眼前的情景令他难以接受。

导弹发射的失败，令孙家栋他们这些搞总体设计的科研人员压力山大。为了寻找失败的原因，孙家栋立即组织人员，投入到故障查找、故障分析和方案设计改进等紧张的工作中。

孙家栋调整情绪，很快就从巨大的精神压力中解脱出来。他和同事们从总体设计方案入手，用剥竹笋的方法，一层层地对各个分系统的技术状态以及可靠性进行分析试验，很快就找出了导致发射失败的原因。

失败乃成功之母，但航天事业是经不起失败折腾的。不论是财力、物力，还是人力，单就时间成本损失而言，都会对航天事业造成重大影响。

失败原因找到后,从理论数据到导弹动态参数都进行了反复验算。孙家栋他们重新修改了设计方案,先后完成了发动机性能试验、导弹的全弹振动试验等17项大型地面试验,确保在导弹起飞前将所有问题都清零,也就是把所有发现的或者有疑点的问题都搞清楚、都有明确的处置结果,绝对不允许导弹带问题上天。

孙家栋回忆起当时研制导弹的情景时说:"我们忘不了导弹发射失败时的惨烈情景,但是不退缩、不气馁。科学试验无坦途,失败奠基成功母。其实,早在任务下达之前,就已经开展了有关预先研究,并陆续取得了重要技术突破。同时,在控制系统、遥测系统、地面设备、结构强度和环境工程等方面,也取得了许多研究成果。这些都为中近程地地导弹研制打下了坚实的技术基础。"

1964年6月29日,经过改进的"东风二号"导弹在发射场点火起飞。随着导弹发动机轰鸣声渐远,导弹平稳飞出了人们的视线,发射任务取得圆满成功。

孙家栋非常清楚,这次中近程地地导弹发射成功,对于中国导弹事业发展具有重要的里程碑意义。这枚导弹的成功发射,不仅标志着我们掌握了导弹研制的关键技术,而且摸索总结出了导弹研制的科学规律。那就是:必须强化总体概念。设计方案必须在可行性论证和地面试验的基础上,以可靠性为出发点开展设计。

当年,孙家栋在导弹研制队伍里虽然还是一个年轻小伙儿，但领导们安排工作时，却不断给他"加码"，实际上是有意培养他。

1964年7月，孙家栋被任命为中国第一枚自行设计的中程导弹的总体主任设计师，挑起了导弹总体设计部总体设计研究室主任的重担。之后，孙家栋又升任导弹总体设计部副主任。当时，导弹总体设计部主任是著名航天专家屠守锷。孙家栋在短短几年内就由总体设计员升为导弹总体设计部副主任，实现着报效祖国的理想和诺言，除了他的钻研、好学外，也证明了他在工作中的突出表现以及在领导、同事们心目中的地位。

随着国家整体科学技术水平的提高，依靠独立自主、自力更生的方针，导弹研制试验大胆采用新技术、新工艺、新材料，导弹技术水平很快上了一个台阶，中国基本具备了将自行设计制造的导弹发射上天的能力。

1965年2月，中央专门委员会决定对中近程地地导弹进行改进，以加大射程。孙家栋领导的一分院导弹总体设计部与有关分系统设计单位用了半年多时间，完成了中近程地地导弹的改型工作。经过改进设计，减轻了全弹的结构重量，增加了氧化剂自动补加装置，将惯性和无线电混合的制导体制改为全惯性制导体制等，使导弹射程增加了20%，战术、技术性能也有所改善。

1966年10月27日上午9时整，中国用改进的中近程地地导弹，运载着真正的核弹头，由酒泉发射基地实施发射。当导弹在轰鸣声中喷射着烈焰拔地而起时，中国人的科技自信和中华民族的国际地位陡然而升。核导弹在人们的视野中消逝后,人们依然恋恋不舍地憧憬着导弹那直刺苍穹的飞行雄姿。发射阵地指挥所根据仪器显示的数据进行分析,不断报出导弹飞行正常、遥测数据正常等一系列令人振奋的好消息。9 分 14 秒后,新疆荒无人烟的罗布泊,传来了核导弹在预定高度成功实现核爆炸、核弹头精确命中目标的报告。这一刻,发射场沸腾了,人们拥抱、跳跃,欢声雷动。导弹与原子弹"两弹"结合飞行试验取得成功的当天下午,《人民日报》发出套红号外,向全世界宣告:中国成功地试验了导弹核武器!

至此,中国不仅掌握了导弹核武器,而且走完了中近程地地导弹研制的全过程,闯出了自行研制地地导弹的路子,并为尖端武器科研组织管理积累了经验。迄今为止,除中国以外,在人类历史上,还没有哪个国家以实弹进行"两弹"结合试验。

世界上从进行第一次核爆炸到研制小型核弹头,美国用了 13 年,苏联用了 6 年,而中国仅仅用了两年。中国运载核弹头的导弹在这么短时间内,就完成挖潜、改型、可靠性验证等诸多设计和试验,其中的艰辛与欢乐,孙家栋他们这些导弹研制第一线科研人员的体会更为深刻。

1964 年,中国研制成功核武器时,原子弹爆炸后形成的蘑菇云威震四方。而西方对中国不友好的势力曾经蔑视地讥讽说,中国虽然搞出了原子弹,但那是有弹没枪的玩意儿,只能当摆设,是个中看不中用的东西。1966 年,由中

1966年的"两弹"结合发射试验控制室(王建蒙摄)

国自己制造的导弹托举着自己的核弹头,按照预定轨道,圆满落到预定目标。中国不仅拥有了原子弹,而且拥有了导弹核武器。西方的有弹没枪论调,被孙家栋他们创造的现实永远抛到了九霄云外。

2018年7月,孙家栋在接受中央电视台记者采访时动情地对观众们说:"中国航天开创时期确实困难很多。当时,造导弹虽说是仿制,但从我们内心讲,就是要争分夺秒搞出中国自力更生、独立自主的导弹武器。当年,国家有这个决心;我们参加导弹研制的技术人员憋着一口气,也有这个信心。人是要有一点精神的,这个精神就是为中华民族长志气、壮国威的精神。事实证明,我们做到了,我们造出了中国人自己的导弹。"

五、言传身教　恩师钱老

钱学森平易近人，对年轻的技术人员关怀爱护，使他们备受鼓舞。有很长一段时间，钱学森坚持每周抽出时间，到孙家栋他们这样的设计人员中听取意见和讨论技术问题。钱学森感到理论推理或技术路线方面有什么不妥，他会耐心引导、解释，很少直接批评或提出反对意见，总是给予启发式的教育，就是在一些细节上也不例外。钱学森的言传身教和人格魅力，无时无刻不在影响着孙家栋。

记得有一次，正值北京严寒时节。一次会上，由于天气很冷，不仅门窗紧闭，而且为了室内保温，防止外面的冷风漏进来，窗户缝儿都用裁成条的报纸贴得严严实实。坐了满满一屋子人，本来空气质量就不好，而会议室里偏偏有人喷云吐雾，好些人呛得直咳嗽。平时看着非常和气的钱学森，什么都没讲，直接站起身走到窗前打开挂钩，使劲儿拉开一扇窗户。一股冷风吹进来，尽管凉飕飕的，但新鲜的空气让人们顿感清爽。钱学森冷不丁做出的这个动作，让抽烟的同志愣了一下，随即掐灭了夹在手指间的烟卷儿。钱学森这一招儿很奏效，以后的会上，再也没人在会议室里抽烟了。

钱学森严谨的工作作风令孙家栋终生难忘。20世纪60年代后期，中国自行研制的一种新型导弹即将被运往发射基地。按惯例，导弹出厂前要完成装配、测试等工作。其中，惯性制导系统平台上有 4 个陀螺要在出厂前全部精确地装配好，完成测试后再拆开装箱运到发射基地。当时，由于时间紧，车间师傅跟孙家栋说，4 个陀螺是同一批次生产的，第一个能装上，其他 3 个肯定不会有问题，是不是可以不再装了？孙家栋觉得师傅说的有一定道理，就同意了。万万没想到的是，在发射场装配陀螺时，却怎么也装配不上。陀螺可是重要部件，完不成装配，不仅影响其他系统，而且事关导弹发射试验的成败。没有办法，孙家栋只好硬着头皮向钱学森报告。钱学森听了汇报后，并没有批评孙家栋，只是说赶快想办法去解决，并且出主意让加工人员仔细研磨陀螺后再试装。要知道，陀螺这种精密部件的加工研磨是很费时间的。钱学森来到现场也不说话，就那么背着手走来走去。孙家栋和工人师傅从下午 1 点，一直干到第二天凌晨 4 点才把陀螺装好。钱学森就那样，在现场一直陪到凌晨 4 点。大家几次劝他回去休息，他不说话，可就是不走。这件事给孙家栋留下的印象太深刻了，钱学森虽然没有直接批评，但那种无声的力量让人感到比批评更严厉。从此，大家从点滴小事做起，不敢有丝毫马虎。后来，孙家栋把这种严格要求的作风带到了空间技术研究院。有人说孙家栋太严厉了，孙家栋就解释，钱学森为我们树立了严谨的好作风，我们必须认真办好每一件事。

钱学森敢于负责、勇于替下属和青年同志承担责任的作风，也对孙家栋起到了榜样作用。1962 年的一次导弹发射失败了,对搞导弹总体设计的人来说是天大的事,每个人的心理压力都非常大。进行故障分析时,钱学森看到孙家栋他们灰溜溜的,就主动以自己承担责任的办法为大家减压。钱学森说:"如果有考虑不周的原因,首先是我考虑不周。责任在我,不在你们。你们只管研究怎样改进结构和试验方法,大胆工作。你们提的建议如果成功了,功劳是大家的;如果失败了,大家一起来总结教训,责任由我来承担。"

钱学森的一席话,对孙家栋他们的鼓舞和鞭策作用非常奏效,顿时打消了一线设计、试验工作人员的顾虑,使大家放下了包袱。

孙家栋当时就觉得,钱学森不仅是一位有内涵的科学家,更是一位有方法的组织者和出色的领导者。钱学森把责任揽在自己身上,使大家能够放松心态,更有效地投入工作。

孙家栋自己当了领导后,看到年轻人工作上有什么差错,也像钱学森那样,替他们担责任,鼓励他们放下包袱,把事情办好。孙家栋先后担任工程总体组组长、总体设计室主任、总体设计部副主任,直接在钱学森领导下从事导弹设计、研制、试验工作,可以说是耳提面命,感触颇多,受益匪浅。

钱学森突破美国重重阻拦回国后,以他在空气动力、火箭发动机、制导控制、总体结构、材料工艺、计算机、质量控制和系统工程等领域的博深积累,向国家提出火箭和空间事业发展规划并组织落实,为国家培养了一个时代的火箭和

五、言传身教　恩师钱老

空间技术人才。他在火箭和卫星研制过程中，认真细致、一丝不苟地组织科研人员排除故障。由于钱学森在测试发射第一线对运载火箭和卫星都了如指掌，胸有成竹，孙家栋随他向周恩来总理汇报工作时，能够感到钱学森对技术问题心中有数、敢于负责。1970年4月24日，发射"东方红一号"卫星时，钱学森镇定自若地坐镇指挥，使孙家栋他们信心倍增。从某种意义上讲，钱学森在中国航天事业立方针、出思路、定原则以及主持协调落实大系统等方面所起的作用和作出的贡献，要远远大于某项具体技术工作，这应该就是一个航天事业领导者在时代进程中发挥的个人作用。孙家栋经常提起钱学森曾经说过的一段话："我作为一名中国的科技工作者，活着的目的就是为人民服务。如果人民最后对我的一生所做的工作表示满意的话，那才是最高的奖赏。"这段简短的人生座右铭，就是钱学森为祖国、为人民鞠躬尽瘁，一

2004年12月10日，孙家栋看望钱学森并亲切交谈，中为钱学森夫人蒋英

生以科学态度追求真理的真实写照。当然，孙家栋对钱学森内心世界的理解与别人相比，另有不同的感悟，因为孙家栋与钱学森有过别人没有的工作交往和经历，孙家栋更能理解钱学森的人生追求和思想境界。

2009年3月5日，与孙家栋共事多年的秘书李钢面带喜色，兴奋地递给孙家栋一封贺信，那是钱学森祝福孙家栋80岁生日的亲笔签名信：

孙家栋院士：

您是我当年十分欣赏的一位年轻人，听说您今年都80大寿了，我要向您表示衷心的祝贺！

您是在中国航天事业发展历程中成长起来的优秀科学家，也是中国航天事业的见证人。自第一颗人造地球卫星首战告捷起，到绕月探测工程的圆满成功，您几十年来为中国航天的发展作出了突出贡献，共和国不会忘记，人民不会忘记。我为您取得的成就感到骄傲。

希望您今后要保重身体，健康生活，做一名百岁航天老人。

谨祝生日快乐！夫人面前代致问候！

钱学森

二〇〇九年三月三日

孙家栋认真看着贺信，心里涌动着阵阵激情，深为钱学森这位百岁师长的赞赏和祝福所感动。他的思绪一下子回到了钱学森带领大家搞航天事业的那个年代。几十年过去了,孙家栋忘不了钱学森率领大家艰苦创业的日日夜夜。同样,中国航天取得的巨大成就也鼓舞着这两位忘年交的科学家。

六、大刀阔斧　实现有无

时光飞逝，自1958年到1967年，孙家栋从事导弹研究工作已经整整9年。祖国的导弹事业突飞猛进，成就辉煌。

9年间，孙家栋每天忙忙碌碌，一年365天，研究室、导弹总装试验现场、西北大漠导弹发射场三点一线无缝奔波，竟全然没有感觉到日子过得如此之快。这9年时间里，中国的导弹事业从无到有、从弱到强，大长了中国人的志气，大大提高了中国在国际社会的地位。

这期间，孙家栋参加了全部导弹的研发工作。一次，在导弹发射庆功会上，一般情况下从不沾白酒的孙家栋一时兴奋，与同事们连干两小杯白酒，那张笑眯眯的脸顿时变得红扑扑的。本来言语不多的他，在酒精作用下，话匣子似乎也被打开了："我真是运气好。我这学飞机设计的，从苏联回来有幸搞起了导弹。在这个世界上，恐怕没有比导弹更让人神往的了吧。我热爱这个事业，这辈子就铁了心干导弹和火箭了。"

然而，让孙家栋想不到的是，在这个世界上，还真有比导弹更加神秘的领域，那就是人造地球卫星。

1957年10月4日，苏联成功发射了全世界第一颗人造地球卫星。在当时那种特殊的国际背景下，苏联发射卫星对于整个世界产生的影响是难以估量的。对于中国而言，从人民共和国领袖到普通老百姓，都深感科技成果的力量，受到很大鼓舞。许多科学家纷纷向中央建言献策，希望能尽快开展中国自己的人造卫星研究。

其实，早在1958年5月17日，毛泽东就在党的八大二次会议发出号令：我们也要搞人造卫星！

随后，毛泽东又一次对中国发展人造卫星表现出浓厚的兴趣。在那天的会议上，他将大手举过头顶，指向天花板，停顿了一下，又把手掌往外一推，提高了声音说："当然了，我们应当从小的搞起，一步一步来。但是，像美国放个鸡蛋那么大的卫星，我们不放，要放，我们就放他个两万公斤的！"

当然，两万公斤那是政治家的气魄，但足以说明国家发展人造卫星的强烈决心。那时，中国科学院已经组织了专门的机构和专门的技术队伍，开始了人造卫星的设计研究。

1967年7月29日午后，正是北京盛夏最炎热的时候，大地蒸腾、骄阳似火。孙家栋伏案审核导弹设计图纸，他汗流浃背，为了不让头上的汗珠滴到图纸上，就用一条毛巾围在脖子上，聚精会神地看图纸上那些密密麻麻的线条和符号。

这时，一位头顶红五星、领口两面红旗、身穿军装的解放军同志，在没有跟任何人打招呼的情况下，径直出现在孙家栋面前。这位解放军直截了当地对孙家栋说："你好，孙家栋同志。我是国防科委参谋汪永肃，上级派我来向你传达关于你工作调动的通知。是这样的：国家为了加快人造卫星工程的实施，保证人造卫星研制生产能够顺利进行，决定组建空间技术研究院，由钱学森同志兼任院长，专门负责人造卫星的研究和发展。钱学森院长向聂荣臻同志推荐了你，根据聂老总的指示，上级决定调你到新组建的空间技术研究院工作，要求你现在就立即上任，负责我国第一颗人造地球卫星的总体设计工作。你手头的工作回头再安排交接。"

当时，正值"文化大革命"时期。在那个年代，造反派夺了权，单位的党政领导干部"靠边站"。汪永肃不知道孙家栋的领导是谁，只好直接找到孙家栋本人宣布了上级的安排；并且，当时谈完话，立即就让孙家栋上了军用吉普车，从北京最南边的南苑，来到位于北京城北的友谊宾馆。宾馆北馆是空间技术研究院开设的临时办公地点。到这里后，有关领导又与孙家栋详细谈了组建卫星总体研究设计部的具体意图。

卫星总体设计工作，是将概念性的卫星从理论变为现实，从理论研究变为工程实施。作为实施的途径，首先要提出并解决卫星从地面研制到空中运行全过程的路线图问题，并明确每个环节的技术指标要求，以及系统与系统之间、分系统与子系统之间错综复杂的技术接口。

孙家栋想，组建卫星总体研究设计部，必须按照科学规律扎实地开展工作。

在当初的动乱状态下，行政机构实际上已经不复存在。如何建立并组成卫星总体设计队伍，是摆在孙家栋面前非常

六、大刀阔斧　实现有无

棘手的问题。也可以说，孙家栋是受命于卫星研制的关键时刻。

为了尽快启动卫星总体设计工作，孙家栋向钱学森提议，由七机部第一研究院抽调几个搞总体设计的技术人员。钱学森考虑后答复说：从一院抽人可以，但推荐来的人必须保证质量。怎么解决这个问题，由你孙家栋动脑子认真想想。你先拉个名单，考虑好理由，再研究确定。

搞卫星总体设计，要先选人。当时，孙家栋只有38岁，虽然年轻，但各方面的工作非常出色，在人们眼中已是有影响的人物。像这样的中层领导干部，稍有不慎就会引火烧身。

既然领导交付了这个重任，就要敢作敢为，抛弃个人顾虑，一门心思从研制卫星的实际需要出发。孙家栋一咬牙，横下一条心，不怕别人说三道四。被选中的人只要条件优越，只要技术水平高超，就是无可挑剔的。

经过几天物色、挑选，孙家栋从不同的专业角度和技术特长出发，最后选定了18个人。孙家栋把这18人名单提交给钱学森后，钱学森点头赞同，又很快得到了聂荣臻的批准。这便是中国卫星发展史上有名的"航天卫星十八勇士"。

"航天卫星十八勇士"，分别是戚发轫、沈振金、韦德森、张福田、彭成荣、尹昌隆、朱福荣、孔祥才、王壮、杨长庚、王大礼、张荣远、刘泽光、郑忠琪、林殷定、鲁力、王一方、洪玉林。这18名设计师当时都是设计、研制导弹的技术骨干。他们从导弹转入卫星领域后，在钱学森、孙家栋领导下立即开展卫星研制工作，对原来的卫星设计思路和方案作了大刀阔斧的改进，既满足了中国第一颗人造地球卫星的技术要求，又保证了工程的整体进度。日后，"航天卫星十八勇士"在我国卫星事业发展中发挥了重要作用。中国工程院院士戚发轫曾任中国空间技术研究院院长、中国神舟飞船首任总设计师，韦德森曾任中国空间技术研究院副院长、"风云一号"气象卫星总指挥……他们不仅为中国研制出了科学试验卫星、返回式卫星、通信卫星等一系列卫星，而且培养了一代又一代研制卫星的人才，为中国空间探测器以及载人飞船发展奠定了坚实基础。

孙家栋回忆起当年的"航天卫星十八勇士"，浮想联翩。他说："形成一支队伍是非常难办的一件事情。大家来自不同的单位，人事关系方面冒出来的问题就很复杂。实现真正的技术配套，要把各自的思想统一到一起，使不同方面集中在一起的人真正融合到一起，也确实不是一件容易的事情。根据技术上的需要，例如搞卫星，应该设立几个试验室？卫星总体方案以什么为基点制定？需要几个分系统？每个分系统的技术指标如何确定？应当怎么组织？这些都涉及卫星总体，都必须考虑到各分系统的特点。我主要还是从工作需要来考虑的。我感觉，中国科学院的同志确实给予了很大支持，因为从一分院过来的人总归还是少数，许多工作要依靠科学院的同志，在科学院已经开展研究的基础上进行优选与舍弃。最后，大家团结到了一块儿，用两年多的时间把卫星搞出来了。当年我到空间技术研究院时的年龄,现在看来已经不年轻了,但在那时候还是很年轻的。把造卫星这么大的事情交给我去负责,我确实感到既有压力也有动力。"

1950年,孙家栋是当天决定、当天入伍,17年后又是当天立即从搞导弹转入搞卫星。人生转折来得如此雷厉风行,真是应了孙家栋日后的感想:"我的工作就是服从国家的分配,祖国的需要就是我的选择,并且必须加倍努力把工作做好。"

孙家栋上任伊始,马上着手主持中国第一颗卫星总体和分系统技术方案的论证工作,从以实现工程为目标的科学思路出发,大刀阔斧地重新制定了卫星的总体技术方案和研制任务书。那段时间,科研人员加班加点地做设计、搞试验,努力攻关,解决了一系列技术难题,制定了研制卫星的新方案。

国防科委在技术系统充分论证的基础上,于1967年12月组织召开卫星方案论证协调会。会议决定:

1. 中国第一颗人造卫星命名为"东方红一号";

2. 确定了"东方红一号"人造卫星的总体技术参数和各分系统技术方案;

3. 确定中国第一颗人造卫星的科学水平和技术指标都要高于苏联、美国的第一颗卫星;

4. 三级运载火箭的前两级由正在研制的中远程地地导弹改制,第三级为固体火箭;

5. 将卫星总体目标,抽象而通俗地概括为12个字,即

"上得去、抓得住、听得清、看得见"。

技术目标确定以后,需要对大量没有论证清楚的问题逐一落实,尤其是理论的设想方案如何在实际中实现,在地面研制的设备和元器件如何满足空间恶劣的环境条件,空间的环境状况和温度参数完全没有数据储备,需要什么样的试验设施和指标参数也都不掌握。当年,航天系统还没有建立总设计师制度,当时的技术总负责人就相当于现在的总设计师。

孙家栋作为卫星技术总负责人,大胆提出对原来的卫星方案进行简化,充分发挥技术人员的聪明才智和积极性。他说服了一些老专家,把卫星研制工作分为两步走,先用最短的时间实现卫星上天,在解决了有无问题的基础上,再研制带有探测功能的工程应用卫星。孙家栋的大胆设想立即得到大多数人的赞成和认可。时任国防科委副主任刘华清(后任中共中央政治局常委、中央军委副主席)在回忆录中写道:

我不懂卫星,也不分管这项工作。到了1968年,"东方红一号"卫星的研制遇到了问题,各分系统文齐武不齐,不协调不配套。为了保证1970年发射,空间技术研究院领导和设计人员在原方案基础上进行了合理的修改,但这一修改方案却找不到拍板的人。五院总体主任设计师孙家栋拿着方案找到我,孙家栋说话很直率:"你懂也得管,不懂也得管。你们定了,拍个板,我们就可以往前走。"

听了他们的汇报,问了有关情况,我心想,这事不能拖，总得有人承担这责任，便对他说："技术上你负责，其他问题我负责，我拍板。"

这个时期，七机部也没有什么人管事了。关于"东方红"卫星的事，后来我又听过一次机关汇报，也到现场看了看。卫星方案的若干修改和简化，我就拍板定了。我当时强调，最后总体决策还要向党中央、周恩来总理和聂帅报告。我把卫星方案修改和简化情况报告了聂帅，聂帅也批准了。卫星计划才得以进行下去。回想起来，当时这么干，除了有一种强烈的责任感外，也有一点傻大胆的味道。

在"文化大革命"那种极端的政治环境中，正确陈言也要担当很大的政治风险。但是，孙家栋作为一个耿直的科技工作者，为了民族大业、为了国家事业，毅然抛掉个人杂念和顾虑。这种敢于担风险的勇气，至今都让人钦佩。并且，孙家栋很多次都在强烈的责任感驱使下大胆陈言。在"文化大革命"的混乱状态下，能把个人利益置之度外，一门心思为中国的人造卫星研制工作创造条件，推动它按计划顺利进行，也是孙家栋这位技术总负责人当时的一个协调高招儿。卫星研制坚如铁，与时俱进从头越。卫星研制工作在那个特殊环境下顶风而上，确实不易。正是孙家栋的灵活处置，卫星研制工作能够得到领导的实时支持。也正是领导支持和同志们齐心协力，才能及时确定卫星总体技术指标，卫星研制工作得以顺利推进。

七、面对总理　豁然开朗

当年，中国第一颗人造地球卫星的研制与发射，是中国迈向宇宙空间的第一步，无论在国内还是在国际上都将产生巨大的影响。卫星研制每个节点都牵动着党中央和周恩来总理的心，周恩来和中央专委的其他领导在百忙之中几次听取卫星研制进展情况汇报。

1969年10月下旬的一天晚上，孙家栋作为卫星总体技术总负责人，和钱学森一同来到北京人民大会堂江苏厅。孙家栋他们刚把卫星初样模型摆放好，周恩来、李先念、余秋里和参加会议的其他中央领导便来到了大厅。

周恩来步入会议大厅后，迎着大家的目光健步来到会议桌旁。参会人员齐刷刷地站起来鼓掌。周恩来面对大家举起双臂，招手让他们坐下后，自己才坐下来。

钱学森首先将孙家栋介绍给周恩来。周恩来亲切地拉着孙家栋的手，向他询问了一些简单情况，高兴地说：“这么年轻的小伙子就成为我们国家的卫星专家，这很好嘛。你今年多大年龄？”

孙家栋有些腼腆地回答：“今年40岁。”

周恩来风趣地说道：“哦，还是小伙子嘛。学森同志的年轻弟子蛮多的呀！”

七、面对总理 豁然开朗

听着周恩来风趣的话语和朗朗的笑声,浑身紧绷、高度紧张的孙家栋放松下来了。

周恩来和其他中央领导人围着看过卫星初样模型后问:"学森同志,是不是你先谈?"

钱学森点点头说:"好。"于是,他将"东方红一号"卫星和"长征一号"运载火箭的研制以及发射准备的总体情况作了全面汇报。

接着,孙家栋对卫星的初样进行了讲解和说明,对主要技术参数和研制过程中的重要情况作了具体汇报。

周恩来对钱学森和孙家栋的汇报听得很认真,还不时提出一些问题,尤其是对卫星上每个环节的质量和保障措施问得很详细。

孙家栋的汇报结束时,周恩来突然像考场上的考官那样,对孙家栋问道:"卫星上总共有多少根电缆呀?"

孙家栋如数作了回答。

周恩来又问:"卫星上总共有多少个插头呢?"

这下可把孙家栋难住了,他一时有些语塞。要知道,卫星上有许多分系统,系统与系统之间、卫星与地面测试设备之间、卫星与火箭之间,有电源连接插头,有无线电信号插头,还有机械配合插头。孙家栋只顾总体把关并严格要求各分系统完成指标,至于卫星上有多少个插头,他还没准确统计过。

孙家栋红着脸,有点儿不好意思地说:"总理,我回去认真统计好再向您汇报。"

周恩来笑了笑,和蔼地说道:"这些数字对我来说是没有什么用处的，但对你们应该是重要的。你们搞卫星研制工作，首先要仔细认真，应该像外科医生那样，对病人的每一条神经、每一根血管都很熟悉，才能保证卫星万无一失。"

周恩来把卫星结构与人体结构相比，尤其是以人体解剖学的手术为例，确实值得科研人员在今后工作中举一反三，真正做到了如指掌、清清楚楚。当时，孙家栋正有一个拿不准的考虑，不知道该不该在这种场合向周恩来提出来。其实，在接到向周恩来汇报的通知后，孙家栋就有这个自己得不到答案的问题。那就是，卫星许多仪器上镶嵌的毛泽东金属像章对卫星部件产生影响，应该如何处理尊重科学与突出政治的矛盾？

各分系统的卫星仪器做出来成套安装时，都在外壳上镶嵌了一个毛泽东像章，有的像章还挺大，好像把像章做得越大、越漂亮，就越能显示出对毛泽东的热爱。岂不知，加上去的这些像章给仪器本身带来很多问题，首先就是超出了原来确定的总体重量指标，像章带来的技术问题会直接影响卫星整体。那么多仪器综合在一起，将使火箭的运载余量减小，必然降低火箭的可靠性。另外，每台仪器都有自己特定的散热条件，仪器所涂的颜色不同，结构材料的厚度不同，散热的情况也不同，增加了像章有可能带来尚未认识到的技术问题。但从技术角度来讲，如果肯定地说在仪器上加了像章就会把仪器弄坏，还没有经过论证，并没有充分的理由，也没有完整的试验数据加以证明，所以，谁也不敢贸然说话。孙家栋作为技术总负责人，一直在苦思冥想，要不要向周恩来汇报。为了这个挠头的问题，头一天晚上，孙家栋连觉都没睡好。

此时，孙家栋觉得，再不汇报就没机会了。于是，他很郑重地说："还有一个问题，不知该不该在这里汇报，就是卫星仪器设备上的毛主席像章。"

周恩来和其他中央领导的眼睛一起盯着孙家栋，参加会议的技术人员们也紧张起来。

周恩来说："毛主席像章？毛主席像章与卫星的仪器设备有什么根本性的关系？可以讲呀。孙家栋同志，你可以大胆地讲。"

孙家栋心想，自己负责卫星总体，本职工作就是保证卫星发射成功，绝不能有任何侥幸心理。个人得失与国家利益发生冲突，必须保证国家利益。想到这儿，他心里有了底气。孙家栋坚定而平静地说："大家出于对毛主席的热爱，在各个卫星仪器上都装了毛主席像章，从政治感情上讲，是很容易理解的，但从技术角度讲，一是超重，二是影响散热。至于卫星上天后在飞行中会受到什么影响，目前还不清楚，也没有条件试验确认。"

孙家栋提出的问题显然引起了周恩来的重视。他的话音刚落，周恩来便说："大家对毛主席无限热爱是可以理解的，但大家看看，人民大会堂这个政治上这么严肃的地方，也不是什么地方都挂满毛主席像。毛主席像挂在什么地方是非常严肃的，得认真考虑什么地方能挂。你们看，咱们这个会议室就没有挂毛主席像嘛。政治挂帅的目的是把工作做好，而不是把政治挂帅庸俗化。搞卫星一定要讲科学，一定要有科学态度。你们回去以后好好考虑一下，只要把道理给群众讲清楚，我想就不会有什么问题嘛。"

周恩来的话句句在理，不仅使孙家栋心中豁然开朗，也使悬在其他科技人员心里的一块沉重石头落了地。会后传达了周恩来的指示，大家马上作了安排，使这个棘手的难题迎刃而解。

组装中的"东方红一号"卫星

1970年2月初，"东方红一号"卫星做完了整星状态下的自旋试验，火箭和卫星出厂前的各项准备工作全部完成，地面测试指标全都满足技术要求。

3月26日，周恩来批准火箭、卫星出厂。随即，操作人员将火箭、卫星分别装上前往西北发射场的专列。

4月1日，装载着"长征一号"运载火箭和"东方红一号"卫星的专列，一声鸣笛，缓缓离开北京南苑的火箭专列站台，一路西行，如期抵达酒泉卫星发射场。

卫星按照测试大纲要求完成了各项测试工作，周恩来和中央专委其他领导要求再次听取发射场人员对火箭、卫星的汇报。当日午后，钱学森、李福泽、任新民、杨国宇、杨南生、戚发轫等领导和专家，登上了前往北京的军用专机。孙家栋当时在北京，要求他一同参加汇报会。

4月14日傍晚，孙家栋随大家来到人民大会堂福建厅。

七、面对总理　豁然开朗

组装"长征一号"运载火箭的固体发动机

19时整，周恩来迈着大家熟悉的脚步来到会议厅，一进门就热情地挥手致意，点着前排的位置说："从发射场赶回来的同志请到前面来坐。"

周恩来看到后面的人不好意思过来，环视了一圈，又亲切地招呼大家说："过来、过来，到前面来。"

仅仅几个月，孙家栋又近距离看到周恩来，发现他脸颊消瘦，颧骨突出，面部疲惫，眼睛显得更大了，浓密的寿眉添了许多白眉，脸上的老年斑也更加明显。

这时，周恩来拿起从发射场赶来的人员名单，边点名边与本人对号，亲切地问：你多大年龄？是在哪个大学毕业的？是什么地方的人？问到从苏联毕业回来的人，周恩来幽默地说："俄文忘没忘呀？一定不能忘。多掌握一种语言和一门知识，在工作中一定是有用的。"

会议按照事先确定的议程进行。钱学森对火箭和卫星进入发射场后的情况作了认真的汇报。谈到在发射场出现的问

63

题时，他内疚地说："尽管大家作了反复的检查，但在总检查时还是发现火箭舱内有遗留的焊渣和钳子等多余物。"

周恩来的眉头紧锁了一下，立即插话说："这可不行！这等于外科医生开刀后，把刀子、镊子丢在病人的肚子里嘛！你们的产品可以搬来搬去，允许拆开再组装，找一遍不行，就再找一遍，总可以搞干净嘛！无非是晚两天发射，但把焊渣和钳子丢在火箭里头，这是不能原谅的！"

接下来，各分系统的负责人作了更为具体的汇报。当一些图纸、原理表格铺在周恩来面前的地毯上时，周恩来手中拿着铅笔和一个蓝色的小笔记本，半跪在地毯前，一边仔细地听汇报、一边在本上记着，还一边提出一些问题。

汇报过程中，遇到专业技术术语听不明白的地方，周恩来就请钱学森来作通俗的"翻译"。

周恩来对大家提出的每个问题，都一一谈了自己的看法。

在汇报安全方案时，周恩来认真地看着地图上标示的卫星发射后的理论飞行轨迹，又提出了一些问题，比如：火箭发生什么故障后，必须按照安全方案处置？安全方案实施后，会产生多大的影响？同时，他要求对有可能出现的各种情况，都要在能力范围内多动脑筋，尽可能想周到。

为了鼓舞大家的信心，周恩来说："同志们大胆地去干吧。这次发射卫星虽然是第一次，但也属于科学试验嘛，成功和失败的可能性都存在。大家要尽量把工作做细、做好，万一失败了，继续努力，找到失败的原因。失败是成功之母！"

八、中国卫星　太空翱翔

在太空奏响《东方红》，听似简单，实现起来有很大难度。"东方红一号"卫星上的《东方红》乐音装置及短波遥测系统，使用同一个发射机交替播送《东方红》乐曲并发送卫星的各种工程遥测参数。为了实现这一较为先进、难度较大的技术要求，采用电子线路产生的复合音来模拟铝板琴演奏乐曲，以高稳定度音源振荡器代替音键，用程序控制线路产生的节拍来控制音源振荡器发音，从而保证了《东方红》乐音嘹亮悦耳。

"东方红一号"卫星的热控系统使用自然平衡法，对星

"东方红一号"卫星发射前，指挥控制人员在紧张工作

八、中国卫星　太空翱翔

孙家栋与闵桂荣（左）、戚发轫（右）合影。他们是三任中国空间技术研究院院长、三任卫星工程总设计师、二位院士

体结构各组件的表面，分别采取阳极化、喷涂有机绝热涂层、镀金、包覆绝热层等措施，改变卫星的热吸收和热辐射性能，使仪器舱内的温度长时间保持在5—40摄氏度之间，以满足仪器正常工作的要求。在热控系统研制过程中，需要进行卫星热真空模拟试验来检验设计的合理性。但当时，国内还没有模拟太阳和地球对卫星辐射的大型模拟器，如何做这项试验是亟须解决的一个课题。那时，热控系统技术负责人闵桂荣（著名工程热物理学及空间技术专家、中国科学院院士、中国工程院院士，曾任中国空间技术研究院院长）提出，用轨道周期积分平均热流代替交变热流，来确定卫星内部仪器温度的平均值。据此，研制人员采用远红外电加热笼的模拟方法，成功地攻克了这个技术难关。

当时，中国的工业基础非常薄弱。仅以小小的电信号连接插头为例，当年国内能够制造有二十几个插针的合格插头的企业几乎没有。为了解决这个插头问题,孙家栋他们不得不怀揣着周恩来办公室的介绍信,通过当时上海市的主要负责人,找到上海无线电五厂,与几位有经验的老师傅具体切磋探讨,制定了初步方案后又经过反复试验,终于把这种卫星上专用的也是非常特殊的插头造出来了。

"东方红一号"卫星上的短波天线,是用来发送《东方红》乐曲信号和遥测参数的。运载火箭点火起飞离开地面,将卫星送入太空预定位置并与卫星分离后,拉杆式结构的短波天线要可靠地释放展开,这是保证《东方红》乐曲播放质量的关键。"东方红一号"卫星上共有4根短波天线,每根长3米,由3节组成,用铰链与卫星的腰带相连接。卫星发射前,将每根天线收缩成1米长并折下,与卫星自旋轴平行套在顶级火箭外壁上的卡环中。火箭飞行临近结束前,顶级火箭起旋(以180转/分钟的速度带着卫星自旋)。卫星与火箭分离后,短波天线的自由端离开卡环。在卫星高速旋转时产生的离心力作用下,呈收缩状态的4根短波天线迅速展开。短波天线的展开与释放在地面比较容易实现,但在太空中的高速旋转状态下,则是一个较为复杂的运动过程。

在第一次模拟卫星自旋时天线展开释放的试验中,出现最后一节天线被折断甩出去的问题,试验没有成功。又做了2次、3次、4次……一直做了10次试验,仍然没有成功。一次次的失败,使大家不得不冷静下来仔细分析。科研人员初步分析认为:天线展开后,两节天线之间的连接部分太短,且强度不够,管子的直径也较大。由于质量重,卫星

八、中国卫星 太空翱翔

高速旋转时的离心力很大，因而，末节天线容易折断。为了做到稳妥可靠、万无一失，孙家栋经过反复思考，与技术人员们探讨后提出，天线释放和展开的运动形式是个复杂的运动合成，要作为专题来研究，并且还要考虑在地面做试验时重量的影响。天线组的人员进一步分析、试验后认为，天线与卫星之间只有一个铰链的设计，使每根天线相对于卫星只有一个方向的转动。这与卫星自旋时，依靠旋转和离心力使天线展开并释放的实际运动是不一致的。孙家栋统一大家的意见后，修改了天线结构设计，重新进行了几次试验，均获成功。紧接着，又一个一个攻克了测量卫星姿态的红外地平仪、顶级火箭上增强地面观测的"观测裙"、仪器舱大面积镀金、制作《东方红》乐音装置等技术难关。这些成果也为后续发射卫星积累了大量经验和数据。

实际上，运送"东方红一号"卫星上天的"长征一号"运载火箭也在紧张的研制试验中。第一、第二级液体火箭具有继承性，而第三级固体火箭是卫星进入轨道的关键。当时，既不具备研制的基本条件，也没有实际经验可以借鉴。孙家栋他们本着"去探索，去创新"的理念，解决了固体火箭发动机燃烧不稳定等相关问题，经过反复试验、反复计算、反复调整改进，以及多次冲击、振

中国第一颗人造地球卫星——"东方红一号"

1970年4月,在酒泉卫星发射场召开"东方红一号"卫星发射动员誓师大会

动等试验,终于取得了成功。

按照卫星研制程序和生产试验计划,即将上天的"东方红一号"卫星相关工作稳步推进,发射日期一天一天、一分一秒地临近。

1970年4月15日凌晨1时许,周恩来总理办公室打来电话,传达周恩来的指示:"从今天起一直到卫星上天,发射场的情况要逐日向周恩来总理办公室电话汇报。"

4月24日下午3点50分,钱学森在酒泉卫星发射场接到周恩来从北京打来的电话:"毛主席已经批准了这次卫星发射。希望大家鼓足干劲,细致地工作,力争一次成功,为祖国争光!"

大西北的傍晚,骄阳依旧,发射场上空万里无云、一片蔚蓝。随着发射警报从高音喇叭里一次次传到发射场的各个角落,按照发射程序,有关人员逐步撤离。夕阳落下,大地

八、中国卫星　太空翱翔

渐渐暗了下来，但发射场四周的照明灯将发射场照得如同白昼。最后一次急促的撤离警报拉响后，发射场坪已经空无一人。地下控制室的潜望镜伸向地面，人们屏住呼吸，等待火箭点火的最后一刹那。

21时35分，高音喇叭里传出指挥员洪亮的"点火"口

"东方红一号"卫星升起的地方（王建蒙摄）

火箭推进剂加注人员进入岗位

"东方红一号"卫星完成固体发动机组装后,与"长征一号"火箭在发射场对接

令,地下控制室发射控制台前发射指挥员胡世祥(日后升任解放军总装备部副部长)的右手拇指按下火箭"点火"的按钮。瞬间,载着"东方红一号"卫星的运载火箭喷射烈焰,伴随着发动机的轰鸣声腾空而起直刺苍穹。

控制室内,监测仪器灯光闪烁,仪器发出"嗒嗒""嗒嗒"声,不断显示着火箭飞行正常的数据。

仅仅几分钟时间,火箭就按预定轨道飞出了人们的视线,但人们的目光仍然停留在火箭消失的地方不肯收回。

15分钟后,高音喇叭里传出测控系统"星箭分离""卫

"东方红一号"卫星发射指挥人员聚精会神地工作

八、中国卫星 太空翱翔

"长征一号"运载火箭托举着"东方红一号"卫星腾空飞天

中国第一颗人造地球卫星"东方红一号"的发射塔（王建蒙摄）

星入轨"的报告。

"东方红一号"卫星发射成功了！

《东方红》乐曲环绕太空、响彻全球！

这是中国史无前例发射成功的第一颗人造地球卫星。托

73

举卫星发射上天的"长征一号"三级运载火箭,也是中国自行研制的,并第一次承担卫星发射任务。"东方红一号"卫星初始运行轨道距离地球表面最近点(技术术语称之为近地点)的高度为439公里,距离地球表面最远点(技术术语称之为远地点)的高度达2384公里,轨道平面与地球赤道的夹角(技术术语称之为轨道倾角)是68.5度。卫星外形为近似球面、直径1米的72面体,重量为173公斤,用20.009兆赫的无线电频率播放《东方红》乐曲。中国继苏联、美国、法国和日本之后,成为世界上第五个能够独立研制和发射人造地球卫星的国家。中国发射的"东方红一号"卫星的重量,比上述4个国家第一颗卫星的重量总和还要多;跟踪手段、信号传递方式、星上温度控制系统等,也都超过上述4个国家第一颗卫星的水平。

大家欢欣跳跃,与孙家栋相互拥抱祝贺,此时的泪水和昔日的汗水交织在了一起。

"东方红一号"卫星在太空环绕地球翱翔,树起了中华

"东方红一号"卫星成功发射后,万众欢腾

八、中国卫星　太空翱翔

民族探索宇宙、利用太空造福人类的里程碑。几十年过去，弹指一挥间。为了崇尚科学，激励中华儿女热爱祖国，增强中华民族的凝聚力和向心力，2016年，党中央、国务院决定将每年的4月24日设立为"中国航天日"。在首个"中国

亿万人们观看太空中的"东方红一号"卫星

庆祝"东方红一号"卫星发射成功

热烈欢呼中国第一颗人造地球卫星发射成功

1995年4月,在纪念"东方红一号"卫星发射成功25周年的活动上,孙家栋与闵桂荣(左)、戚发轫合影

航天日"当天上午,孙家栋来到北京航空航天大学"中国梦,航天梦——中国航天日"主题活动现场,参加院士专家座谈会及系列科普活动启动仪式,并登台作了题为《对中国航天事业的未来充满信心》的发言。

八、中国卫星　太空翱翔

2005年4月，孙家栋在北京参加"东方红一号"卫星诞生地纪念活动，同参与卫星研制的其他老同志合影

2010年4月23日，在中国航天科技集团公司纪念"东方红一号"卫星发射成功40周年座谈会上，孙家栋与闵桂荣（右）、戚发轫合影

> 深情寄语
>
> 航天情航天梦
> 五十年的东方红
>
> 孙家栋

2020年，孙家栋为第五个中国航天日深情寄语

第五个中国航天日和"东方红一号"卫星成功发射50周年到来之际，孙家栋、王希季、戚发轫、胡世祥、潘厚任、胡其正、彭成荣、张福田、陈寿椿、韩厚健、方心虎这11位曾在50年前执行"东方红一号"研制发射任务的老同志，在回顾中国航天事业辉煌历程的同时，联名给习近平总书记写信，表达了传承和弘扬中国航天精神，努力实现中国梦、航天梦的坚定信心。

习近平总书记看到孙家栋等老同志热情洋溢的信后，欣然回信：

孙家栋、王希季等老同志们：

你们好，来信收悉。作为"东方红一号"任务的参与者，你们青春年华投身祖国航天事业，耄耋之年仍心系祖国航天未来，让我深受感动。

50年前,"东方红一号"卫星发射成功,我在陕北梁家河听到这一消息十分激动。当年,你们发愤图强、埋头苦干,创造了令全国各族人民自豪的非凡成就,彰显了中华民族自强不息的伟大精神。老一代航天人的功勋已经牢牢铭刻在新中国史册上。不管条件如何变化,自力更生、艰苦奋斗的志气不能丢。新时代的航天工作者要以老一代航天人为榜样,大力弘扬"两弹一星"精神,敢于战胜一切艰难险阻,勇于攀登航天科技高峰,让中国人探索太空的脚步迈得更稳更远,早日实现建设航天强国的伟大梦想。

　　祝你们健康长寿、生活幸福!

习近平
2020 年 4 月 23 日

九、"实践一号" 柳暗花明

如何将科研成果快速转入工程应用，是孙家栋思考比较多的问题。中国第一颗人造地球卫星发射成功后，他的肩上会挑起更重的担子。他将不负众望，领头开拓新的卫星项目，这便是中国第一颗具有实际应用价值的"实践一号"卫星。

1970年5月，孙家栋主持制定了中国第二颗人造地球卫星"实践一号"的总体技术方案。"实践一号"卫星充分继承了"东方红一号"卫星的技术和经验，充分应用了经过飞行验证的预研成果和新技术、新工艺、新设备。同时，对"实践一号"卫星的研制程序进行了有效简化。

1971年1月19日，"实践一号"卫星和"长征一号"运载火箭由北京运到酒泉卫星发射场。这一天，是农历腊月二十三，距离中国农历新年只有一周时间，但技术人员心中对航天的热情远远超越了对传统节日的关注。参加试验的技术人员如同进入临战状态一般，放弃与家人过团圆年，纷纷表决心、递交保证书，要安心在千里之外天寒地冻的塞外戈壁坚守。

卫星从北京运抵发射场后，发射场和航天试验队的技术人员在一年一度的新春佳节，按照测试计划对卫星和火箭展开了测试。农历大年初一，大家热热闹闹吃了集体团圆的饺

九、"实践一号" 柳暗花明

子,便纷纷来到技术厂房,一心一意地测火箭、测卫星。这种过大年时,测试火箭、测试卫星的场面,大概不是什么人都能够幸遇的。

火箭测试并不一帆风顺。当火箭按照正常程序在地面进行模拟飞行试验时,火箭控制系统的关机指令出现了异常,刚刚查明是由于程序配电器转动产生电火花造成的,又发现连接陀螺加速度表的电缆过长存在隐患。这些接连出现的问题,引起了孙家栋的重视。他立即召开会议,要求针对火箭的故障,在卫星各个系统举一反三地查找隐患,在地面杜绝不安全因素,确保卫星发射成功。

之后,孙家栋组织相关人员,对卫星与火箭进行了 11 个

孙家栋(右一)在卫星测试现场

状态发射机与应答机的无线电干扰试验,不仅掌握了无线电设备之间的相互干扰因素,而且摸清了干扰程度,为电子仪器的设计和改进提供了非常重要的经验。在此基础上,为了确保卫星发射时跟踪测量的准确性,渭南测控站组织进行了卫星、火箭与地面测控设备的匹配模拟飞行试验,还把火箭和卫星的遥测、外测设备装到飞机上,与地面设备进行校正飞行。

1971年3月3日,内地已是初春季节,但西北大漠的发射场依然寒风凛冽,无垠的戈壁滩泛起弥天黄尘。当天边的夕阳静悄悄地缓缓落下时,发射场紧张有序地进入卫星发射倒计时。

20时整,雄伟的火箭矗立在发射台上待命升空。接着,发射场的高音喇叭里传来地下控制室指挥员的口令:"一分钟准备!"

20时03分,随着"点火"口令的下达,"实践一号"卫星腾空而起!

20时12分,测控系统报告了卫星准确入轨的消息。"实践一号"卫星进入近地点266公里、远地点1826公里的预定椭圆轨道,轨道倾角69.9度,运行周期106分钟,完全符合预定指标。

然而,天有不测风云。"实践一号"卫星正常运行后,设立在全国各地的测量台站竟然都接收不到卫星上发送的遥测信号,入轨后的卫星成了无法向地面发送信号的铁疙瘩、"哑巴星"。这一情况令孙家栋焦急万分,他和同事们立即进入故障分析的紧张状态。

九、"实践一号" 柳暗花明

3月4日晚7时,孙家栋带领几位同志驱车来到北京京西宾馆,参加国防科委主持召开的紧急会议,专题讨论研究"实践一号"卫星出现的问题和解决方案。经过分析,初步认为故障原因是末级火箭与卫星未能成功分离,遥测天线被卡在卫星与火箭的连接处伸不出来,致使遥测信号无法送出。

孙家栋(左)向王震介绍"实践一号"卫星情况

"实践一号"卫星在浩瀚的太空中漫游,因为接收不到信号,地面人员无法获得卫星的具体位置和工作状况。几天时间里,"实践一号"卫星曾经几十次飞过中国上空,却无能为力与卫星"握手",大家只能在心中默默祈祷,静候卫星信号的出现。

3月11日,奇迹出现了。正当地面人员仔细捕获监听时,突然在嘈杂的无线电信号中出现了一个大家亲切而熟悉的信号;并且,信号越来越强,越来越清晰。经过判断,这信号果然就是几天来大家期盼的"实践一号"卫星遥测信号。

经过一系列的验证和计算，卫星故障得以排除。至此，"实践一号"卫星投入了正常运行。

"实践一号"卫星发射成功了，但在卫星研制过程中有件趣事，对卫星的正常使用起着决定性作用。"实践一号"卫星继承了"东方红一号"卫星的外形方案，也采用72面的棱球体。不同的是，你稍加注意就会发现，"实践一号"卫星球体表面除了28块太阳能电池外，还多出了两片亮闪闪的黄金"耳朵"。

原来，这也是孙家栋解决技术难题的又一个绝招儿。在研制阶段，模拟北极的太阳光照射卫星进行热真空试验时发现，附舱Ⅰ的温度比计算结果低了15摄氏度，仅为零下25摄氏度至零下23.5摄氏度。附舱Ⅰ的遥测设备如果长期处在这个温度范围，将会影响正常工作。此时，按照卫星发射的总体进度，已经来不及对整星的热控设计进行更改。有人提出，是不是可以采用孙家栋设计"东方红一号"卫星时的串联电阻方式来解决？而太阳能电池的总供电余量仅有不到10瓦，况且已经分配给了卫星各系统，显然也没有时间重新修改。但是，如果不解决这个问题，整个发射计划都有可能拖延。

这又是一个关键时刻。孙家栋逆向思维的绝招儿又派上了用场，他眉头一皱，计上心来。他提出，设法多吸收一点儿太阳的热量送给卫星，而吸收热量可以通过在卫星外壳体上安装两片黄金板来实现。在诸多金属材料中，黄金具有吸收热量多、挥发热量少的特性。这两片"耳朵"便可以将太阳的热量吸收送入卫星内部,使卫星舱内的温度变化控制在设计要求之内。事实证明,这两个黄金"耳朵"还真管用。孙家栋以聪明的思维,简单易行地解决了这个难题,不能不让人佩服他的想象力。

"实践一号"卫星的成功发射和运行,使多项预研成果得到了验证和应用:使用太阳能电池与镉镍电池联合供电系统,突破了卫星长期供电的技术难关,为后续应用卫星长期供电奠定了良好的基础;百叶窗机构的主动无源热控系统和低功耗的小型遥测系统取得成功;探测了空间磁场和空间带电粒子的空间分布,获得了中国上空及其附近区域内辐射带下边缘区域的位置和特征。

多年后,孙家栋谈起这颗"实践一号"卫星时,依然兴致勃勃地说:"'实践一号'卫星是中国第一颗长寿命卫星,原计划在轨道工作1年,但实际上工作长达8年,大大超过了设计指标。这项成果在国内和国际上曾引起了广泛注意,为中国研制长寿命卫星奠定了基础。"

孙家栋经常说:"我能够主持卫星总体设计工作,得益于中国航天事业的稳步发展。是中国航天事业的发展为我提供了一个可以发挥作用的平台,也是中国航天事业的发展为我提供了实践应用的环境。"

十、大义凛然　确保成功

1965年4月29日，国防科委根据中国航天技术发展的总体规划，向中央专委会提交的研制和发射中国人造地球卫星情况报告中，将返回式遥感卫星列入航天技术10年奋斗目标。中央专委会第十三次会议明确指出："中国发展人造卫星以应用卫星为主，应用卫星以返回式遥感卫星为主。"在这一决策下，加速了返回式遥感卫星的研制工作。

国际航天领域在那个年代，对航天技术的保密程度比现在不知道要神秘多少倍；而且，通信、媒体、信息等远没有当今这么发达。航天这个神秘的尖端技术，被严格保密在盒子里。当年，封闭的中国也没有条件与国外开展技术合作。中国研制返回式遥感卫星，一无资料，二无经验，难度之大可想而知。

在当时，除了要完成卫星本身的研制任务，还要与星上有效载荷的研制同步进行。星上相关技术难题的攻克，比如全景扫描相机的光学设备、胶片的厚薄及质量水平等，都会直接涉及卫星总体方案，并且会牵一发而动全局。不仅大的方案，就是很多具体细节，也都需要孙家栋随时组织进行各系统间的综合协调。

1974年11月5日11时，在一望无垠的茫茫戈壁上，整装待发的中国第一颗返回式遥感卫星完成了各项检测,稳稳地坐落在火箭顶部。完成星箭对接的运载火箭雄伟地矗立在发射台上。天空晴朗,万里无云,使乳白色的运载火箭更加醒目。发射场按程序完成了推进剂加注、完成了功能测试、完成了火箭升空前的各项综合检查……

这时,调度指挥的扬声器里传出洪亮的口令:

"控制转内电!"

"遥测转内电!"

"外测转内电!"

"卫星转内电!"

卫星发射,进入倒计时一分钟准备的紧张时刻。

随着口令的下达,各系统的地面电缆与火箭、卫星连接的电信号插接件、供气连接器,纷纷依照程序依次脱落下来。它们连同发射塔架电缆摆杆那长长的臂膀,一起摆向火箭背后。火箭托举着卫星,刹那间就要点火起飞。

然而,卫星没有收到成功转内电的信号。发射指挥台倒计时指示计上的时间,还在继续一秒、一秒递减。所有人员都屏住呼吸静等火箭点火的轰鸣声,整个指挥控制室、整个发射场异常安静。这时,离火箭点火的时间只剩下几十秒钟。

卫星没有按照设定的程序转入内部自供电状态,意味着在不到一分钟内火箭点火,运载火箭将带着不能正常供电的卫星升空。若是那样,送入太空的就是一个重达两吨、毫无用途的铁疙瘩。

就在这千钧一发的时刻，异常安静的指挥控制室里传来一声大喊"停止发射"，孙家栋不顾一切地果断要求"停止发射"！

几十秒倒计时仍然在递减。按正常程序逐级上报，等待指挥员发布"停止发射程序"的命令已经根本不可能，但下达类似于"停止发射程序"的命令必须一级一级申报批准，并且绝不该由孙家栋发布。假如孙家栋没有很高的威望，指挥员也不会执行他的命令。

要知道，在这紧急关头果断处置需要何等的胆识！将要承担多么巨大的风险！发射程序终止了，孙家栋却由于神经高度紧张昏厥了过去。在那个年代，还不仅仅是技术风险，还有那无法承担的政治风险。孙家栋如果不把个人的一切私心杂念置之度外，怎能有如此的气魄！

供卫星发射的时间段仅有4个多小时，这个时间段称为卫星"发射窗口"。此时，火箭早已加满了燃料。火箭的这种状态对停放时间是有严格要求的，稍有不慎便会引发连锁问题。

在指挥控制室里的，都是不能再精减的指挥人员和操作人员。其他人员随着相关工作完成，已经分批撤到距离发射台十几公里以外的地方。当把操作人员召回排除了故障，重新将插头插好，卫星和火箭又一次进入发射程序时，距离发射窗口的后沿时间已经非常紧张了。

15时30分，在发射窗口的最后时限，"各系统转内电"的口令再次发出。随着"点火"口令的下达，火箭在震耳欲声的轰鸣声中飞离发射台……

天有不测风云，没承想，一波三折的发射任务又遇到毁灭性的挫败。运载火箭点火起飞仅仅20秒钟就出现失控现象，刚刚离开地面的火箭在人们视线内晃晃悠悠地失去稳定。瞬间，卫星连同火箭在一声巨响中随着爆裂的火焰炸成碎片，散落在离发射台不远的地面。

几年的心血顷刻化为碎块。孙家栋和其他技术人员为之操劳了上千个日日夜夜的成果，还没来得及亮相就永久性地消失了。大家忍不住痛哭流涕、悲痛万分，只有亲身经历了磨难的人才能体会到当时的辛酸，却又必须面对这个现实。

在这个垂头丧气的时刻，孙家栋作为技术总负责人，认为士气不能垮。他对大家坚定地说："尽管事故是由火箭的故障造成的，可我们要从火箭的故障中找出共性的东西，以此总结经验教训，引以为戒，抓好我们负责的卫星质量。"

几十年过后，每当提起这次事故，孙家栋在惋惜之余，还总是情不自禁地流露出内心的惋惜和难过。说到那次失败，孙家栋仍然记忆犹新地说："1974年11月5日的那次发射，造成了非常严重的损失，给大家带来难忘的教训。后来，把原因彻底查出来了，是一个非常非常简单的小问题。失败缘于火箭的一根导线，这根导线里头的铜丝质量不好，里面断了，可外面的橡胶绝缘层还连着，火箭点火后剧烈震动的瞬间，导线恰巧处于断开状态。火箭爆炸现场一片火海。火箭残骸和上百吨推进剂燃烧的火焰，在大白天都把半个天映成了红色，那个惨劲儿，令人痛心不已。虽然过去航天系统严格强调必须保证质量第一，要求对每一个螺丝钉都必须绝对认真、严格对待，但终究是没有经验，大家从来没有过这方面的失败体会。当时，能把问题的原因找出来也不是那么简单的事情。那么大的一片沙漠里，大家基本上给翻了一遍，然后一锹一锹地用筛子筛，把任何一小块东西都筛出来查看，之后让大家来认领自己的东西：这块小铜片是我这个仪器上的，那个螺钉是你那台仪器上的。大家分门别类，对照火箭残骸一块一块认真检查，对每一根导线都进行排查。当拿起来这根导线用光一照，发现完整外皮里面的导线却是断的！但是，只找着这个还不算是充分的证据，还要弄明白这根导线是哪个系统的、是什么设备上的，这根导线是在什么时间断的，断了之后会出现什么样的现象。要做充分的理论分析，再到试验室进行模拟实验。一定要保证试验结果与火箭事故情况完全吻合，才能证明与故障的实际关系。"

　　火箭和卫星研制人员没有被失败吓倒。孙家栋鼓励大家不能灰心、从失败中重新鼓足干劲。一年后，一枚新的运载火箭和一颗新的卫星完成了各项检测程序，又雄伟地矗立在发射台上。

　　1975年11月26日，随着"牵动""开拍""点火"等口令，"长征二号"运载火箭携带着返回式遥感卫星离开地面、冲出大气层、飞向太空……

　　"火箭飞行正常！"

　　"遥测设备捕获目标！"

十、大义凛然　确保成功

"遥测跟踪正常！"

"外测跟踪正常！"

"卫星飞行正常！"

"星箭分离正常！"

"卫星准确入轨！"

在卫星航区跟踪测量站一声接一声的口令中，传来了喜讯，中国第一颗返回式遥感卫星发射成功了。

遥感卫星发射、在太空中运行、调整姿态并变更轨道、再入地球时发动机点火、人工控制落入地球上指定位置、组织寻找回收……这些工作说起来容易，但实现起来的难度是非常大的，别说是在40多年前，就是在如今也仍然是一项令人惊叹的科学技术。孙家栋领导的这个卫星工程克服了重重困难，填补了中国航天事业的空白，大长了中国人的志气。那个时候开创的航天器返回技术，对当今中国载人航天工程的顺利进行、对航天员完成太空飞行后的安全返回，都是一种技术积累。

中国第一颗返回式遥感卫星按计划在太空运行3天，完成对地球的遥感探测任务后，按预定方案返回地球，在中国四川省中部地区成功地实施了回收，获得了大范围的遥感探测资料。

研制并发射返回式卫星拥有的技术，在当时堪称世界上最复杂、最尖端的技术之一。美国和苏联的返回式卫星都在经历多次失败后，才成功回收。美国于1959年开始研制"发现者号"返回式卫星，经过38次飞行试验，历经12次回收——失败——改进——再回收,最终才获得成功。苏联的航天器返回技术是出于载人航天的目的,进行的试验次数更多。而中国的返回式遥感卫星首次飞行试验即获成功。中国成为继美国和苏联之后,世界上第三个掌握卫星返回技术的国家。

1975年对于中国的卫星发射来讲,是个好年头,在这一年中连续成功发射了三颗卫星。孙家栋回忆起当时的情景,仍然抑制不住成功后的喜悦:大家用辛勤的汗水换来卫星发射成功,我们个个都很兴奋,但接踵而来的也有许多顾虑。比如,首先操心的是卫星能不能成功发射,入轨后又担心卫星能不能正常工作,现在又为卫星能不能正常回来而紧张。当卫星在九霄云外转够了圈儿,顺从地按地面发出的指令返回到地球预定位置时,大家的高兴劲儿就没法形容了。

针对返回式卫星的返回技术,孙家栋现在说起来都让人有些紧张。他回忆说:"虽然卫星发射成功了,但能不能回来使人心里没底,因为是第一次,压力很大。有一件很典型的事情,返回式卫星即便能够返回,还得让卫星落到指定的地方,要卫星从北往南进入中国上空后落在四川。假设落下来的速度慢了一点儿,卫星会不会还继续往南飞?往南飞的话,搞不好就出国了。如果掉到海里还好办一点,卫星要是落偏了,就会跑到国外去。所以,当时又提出来在卫星上装个炸药包,出发点是考虑到一旦发现轨道不正常,控制不了卫星的落点,就下指令把它在空中炸掉。那时候,要是卫星掉到国外,那可是个很大的国际政治问题。当炸药包安置好后,卫星进入发射场开始测试。临近发射的时候,忽然对安置炸药包的想法提出了疑问。试想,如果卫星并没有出毛病,本来属于正常情况,而且卫星也返回落到了指定范围,等收回来后,得拉到胶片处理工厂拆卸、分解、取出胶片盒,但卫星里面有个炸药包,上天以后又跟着回来了,这炸药包会不会出毛病?假如一开盖把里头的炸药包给崩了,那不就出大事了?这炸药包到底是装还是不装?原来说要装是有道理的,现在说怕出事要求不装了,也必须讲出道理。我作为卫星的技术总负责人,当然压力就更大了。那几天,脑子里白天晚上都在转这个问题,理不出头绪时,精神上确实有支撑不住的感觉,曾经晕倒了好几次。经过这样正反两方面的反复权衡,大家研究后统一了意见,认为卫星万一飞到国外,属于外交问题的处理范畴。而卫星带着炸药包从发射场点火起飞,在太空中运行那么长时间,返回落到地面的很多环节都存在危险。权衡两者的风险,前者的风险毕竟要小于带炸药包的风险,最后决定取消炸药包方案。当时,卫星已经在发射场完成了各项测试。操作人员接到修改方案的通知后,又制定了撤除炸药包的程序。当操作人员小心翼翼地将炸药包从卫星上拆除后,我这颗悬着的心才算落了地。这件事情虽然花费了很多精力,经过了几次反复,但最终能够得出明确结论,我感到还是值得的,这也为中国卫星的后续发展积累了经验。"

有一次,返回式卫星按指定程序顺利返回到四川遂宁落地后,回收现场传回来消息说,人们眼看着卫星拖着色彩醒目的巨大降落伞落到了农村灌着水的稻田，回收人员才发现，没办法把这个从天外回来的宝贝疙瘩弄出来，因为当初设计卫星时并没有设计吊钩，只能干瞪眼儿却束手无策。正在大家一筹莫展的时候，坐在山坡上看热闹的一位老大爷出了个奇招儿。他献出一个农村常用的土办法，用两根长木头杠子把卫星夹住，众人像抬轿子一样，硬是把卫星从稻田里抬到了汽车上。还有一次，遥感卫星从天而降，回收人员远远地瞅着它拽着巨大的降落伞向下降落。大家用最快的速度连追带跑赶到降落地点后，却怎么也看不到卫星的踪影，就连那巨大的降落伞也没了下落。在四周查看后才知道，卫星落入洪水滔滔的沱江里了。那时，雨季的沱江水流湍急。卫星这么个球形重物，如果随波一泻千里，将到哪里去寻？历经千辛万苦才研制出来，而且耗资巨大的卫星，由运载火箭以每秒7.9公里的宇宙速度托举着，突破地球引力、冲出大气层，围绕地球转了一圈又一圈，现在从天外返回，眼看着在指定地点上空飘落，却空中只见影、地面不见踪。国家这么珍贵的宝贝岂能丢失？船工和海军潜水员使出一切招数，才把卫星打捞回收。当然，难度是很大的，与大自然搏斗耗费的精力自不必说。

那个时候，大家一门心思要千方百计把卫星搞出来。孙家栋说："当时参加卫星研制的，有我的学长，有熟悉并掌握第一线生产制造技术的老师傅，还有大批默默无闻、到现在都很少出头露面甚至没有露过面的无名英雄。我仅仅是这些人中很平常的一个。如果没有大家的共同努力，依靠几个人是根本不可能完成这种大型任务的。"

应用卫星遥感技术与传统的测绘方法相比，效率大大提高。1949 年新中国成立后，国家组织庞大的国土测绘队伍开始测绘工作，经过 30 多年的艰苦奋斗，直到 20 世纪 80 年代才完成了全国 20％国土的测绘。而遥感卫星投入使用后，仅仅用了不到 5 年时间就已经完成 30 多年工作量的 4 倍，并且要比人工测绘的效果好、精度高。遥感卫星产生的高效益给国民经济建设带来的效益是非常巨大的。

1978 年春天，党中央在北京召开全国科学大会。时任中国空间技术研究院副院长的孙家栋在大会上作专题发言，详细介绍了中国返回式卫星的研制经过。全国科学大会对返回式卫星的多项科学研究成果给予了隆重表彰。

国家经济发展急需更多的应用卫星，需求牵引和基础工业发展促进了中国航天事业快速发展。孙家栋的名字开始出现在亿万人民的视野中，他肩上的担子更重，任务更加艰巨，但孙家栋不畏艰险，知难而进，以饱满的工作热情迎接新的挑战。他要让应用卫星尽快上天服务于国民经济建设，并让中国的航天技术为人类作出更大贡献。

时隔 37 年，2015 年 7 月 27 日，国家科技战略座谈会在北京人民大会堂隆重召开，中国科学院、中国工程院、国家自然科学基金委员会的主要负责人和院士代表等共 400 多人参加会议。座谈会上，中共中央政治局常委、国务院总理李克强说："改革开放之初，我们说迎来了春天，是从'科学的春天'这个提法开始的。科学的发展和广大人民群众的积极性、创造力结合起来，产生了核聚变，推动我们国家的经济社会发展一次又一次'破茧成蝶'。现在，我们要续写前篇，再创奇迹，必须更加重视科技创新。"孙家栋在座谈会上，以"实施'互联网+'行动，推进天基信息应用发展"为主题作了专题发言。孙家栋说："作为一名航天科技工作者，我认为，目前我国空间基础设施建设已经位于世界前列，但是否能够物尽其用，关键在于应用。打造"互联网＋天基信息系统"的全新产业链条，发挥市场在资源配置中的决定性作用，新技术有望改变人民群众的生活。"为了更好地实施"互联网＋天基信息应用"，孙家栋在发言中提出两点建议：一是加强国家层面对天基信息应用的统筹，重点加强基础与应用研究，包括涉及的关键核心技术、标准规范、知识产权、数据政策、商业模式等研究。利用重大专项机制，完成"互联网＋天基信息应用"的示范推广。二是倡导建立跨行业、跨领域的创新联盟，建设各类跨界融合的创新平台，培养并集聚熟悉互联网和天基信息应用的跨行业、跨领域、懂技术、善运营的复合型高端人才，促进产、学、研、用协同创新，培育新的应用模式，推动天基信息应用产业化发展。这两条建议当即得到李克强的赞赏和积极回应。

十一、天地通信　群星荟萃

中国发展通信卫星是航天史上的一件大事。1979年4月18日,孙家栋被任命为空间技术研究院副院长;随后,第七机械工业部党组任命孙家栋为中国第一颗地球静止轨道试验通信卫星总设计师。

通信卫星,简言之,就是利用布置在赤道上空3.6万公里处的卫星作为传输手段,进行天地间通信传输。通信卫星发射上天后,运行轨道的平面位置与赤道平面重合,卫星的轨道周期与地球的自转周期一致,运行轨迹和运行方向也一致,可以实现空中的卫星与地面的位置保持相对静止不动。这种卫星也被称为地球同步轨道通信卫星。

通信卫星具有通信距离远、容量大、覆盖面广、传输质量好、可靠性高和机动性强等许多优点,因此,它是当今世界最先进、最有效的通信工具,但通信卫星工程是一个技术复杂、学科繁多、涉及领域很广的系统工程。

孙家栋上任伊始,首先主持制定了通信卫星总体技术方案,确定中国研制通信卫星选择"两个一步走"的设计原则。

第一,在卫星轨道选择上采取"一步走",即不模仿国外试验通信卫星那种先完成中高轨道试验,再进行地球静止轨道试验的方法,而是将卫星直接发射到地球同步静轨道。

第二，在卫星技术方案上采取"一步走"，将卫星的研制指标直接定在具有当时国际代表性的技术水平上，同时，把卫星通信技术试验与实际应用结合起来一次完成。

这样，通信卫星可以由试验、试用很快转入实用，将大大缩短中国通信卫星在技术方面与发达国家的差距，也有利于降低中国地面卫星通信网络的建设成本。

1976年7月15日，孙家栋在通信卫星第一期工程总体论证工作会议上提出，论证中既要考虑技术的先进性，更要考虑可靠性，还要考虑经济性与合理性，为新型卫星的发展进一步明确了方向。孙家栋确立的这条工程路线，为卫星研制奠定了基础并建立了良好开端。

按照孙家栋主持制定的计划，在制订大型试验方案时，除了充分满足各项试验的技术要求外，还从经济效益方面合理安排试验项目，做到一星多用，减少重复浪费。卫星大回路试验方案、力学性卫星试验方案以及整体卫星试验方案，都严格地在满足试验技术指标前提下，采用系统工程的办法进行科学管理。从那时候开始，技术和经济可行性论证在卫星研制中得到进一步推广。

1980年11月10日，孙家栋被任命为第七机械工业部总工程师。1983年5月23日，孙家栋被任命为中国空间技术研究院院长。不论岗位如何变动，也不管职务如何升迁，孙家栋始终没有放松对通信卫星研制试验进度的管理。

1983年8月，通信卫星工程五大系统——运载火箭、

当时设备简陋,孙家栋在发射指挥控制室借助望远镜观察卫星发射状态。左为时任七机部副部长宋健。

20世纪80年代,航天专家们聚会时开怀大笑。右起依次为:王希季、杨嘉墀、黄纬禄、孙家栋、屠守锷、蔡金涛、梁守槃、吴朔平。

通信卫星、发射场、测控通信及地面应用地球站完成配套建设,基本具备进行通信卫星发射试验的条件,各个系统也都具备了执行任务的条件。接着,完成工厂总装测试的卫星和运载火箭相继运抵西昌卫星发射中心。

中国第一颗试验通信卫星"东方红二号"运抵西昌卫星

发射中心后,技术人员按照发射场的卫星检测工艺流程,对卫星进行整星检漏、安装精度复测、两种状态组装及复测、无水肼燃料加注和称重后,将卫星转往发射区。孙家栋他们在西昌卫星发射中心度过了1984年新年。1月5日清晨,孙家栋起大早站在晨曦中的卫星发射场,看着运输卫星的特种车稳稳停靠在高高的发射塔架前。在发射人员的精心操作下,卫星被缓缓吊起,装配在运载火箭顶部。孙家栋眺望巨大发射塔旁耸立着的乳白色火箭与鲜红色卫星保护罩衬映的壮观景象,心旷神怡,他比其他参试人员的心情更为激动。

1984年1月26日16时15分,卫星完成了在发射场的各项检测任务,发射倒计时程序进入5小时准备。发射人员按照测试规定对火箭进行第二次功能检查时,突然发现火箭稳定系统偏航波道的输出信号超出正常值。这一异常现象打乱了正常发射程序,不搞清楚问题的准确原因,发射程序是不可能继续进行的。经判定,被比作火箭心脏的陀螺平台出现功能性故障。发射场区指挥部决定中止当日的发射,更换陀螺平台,并于1月28日24时前做好重新发射的一切准备工作。为此,卫星被迫从火箭顶上卸了下来。

这时,工程总设计师任新民与卫星总设计师孙家栋就火箭和卫星的协调问题交换了意见。年长孙家栋14岁的任新民对孙家栋的想法非常赞同,共同的事业使他们心有灵犀一点通。后来,他们同为"两弹一星功勋奖章"获得者。

孙家栋随即召集卫星试验队人员作了相应部署。他强调,首先要有整体意识,不能因为是运载火箭出现了故障而

测试中的"东方红二号"通信卫星

有任何怨言。要积极主动配合运载火箭的整体工作,切实对卫星做好监测和保护,绝不能由于卫星的原因影响发射计划。卫星试验队全体人员齐刷刷地竖起大拇指,表示坚决服从、逐项落实。

1984年1月29日,3天后即是中国传统的春节。第一枚"长征三号"运载火箭载着试验通信卫星从发射台上腾空而起,飞向太空。这是西昌卫星发射中心第一次执行卫星发射任务,火箭发动机喷射出的烈焰震动山谷,场面异常壮观。火箭第一、二级发动机的工作和第三级氢氧发动机的第一次工作都很正常,地面各测量站跟踪良好。但当火箭飞行到940秒时,第三级氢氧发动机第二次启动后,推力消失。尽管火箭与卫星成功分离,然而,卫星未能进入预定的地球同步转移轨道,卫星不可能在这个轨道上正常工作。

孙家栋火速赶往西安卫星测控中心,坐镇研究并确定补

孙家栋与"两弹一星"功勋科学家任新民在一起

十一、天地通信　群星荟萃

孙家栋与任新民（中）等人在西昌卫星发射中心火箭测试现场

救办法。为了最大限度利用这颗卫星开展尽可能多的试验，把国家投入资金的损失降到最低，孙家栋签字决定，当卫星围绕地球运行到第 13 圈时，由地面向卫星发出遥控指令，实施星上远地点发动机点火，也就是采用卫星轨道调整用的动力源，将卫星推到一个尽可能高的位置，利用它完成尽可能多的太空试验。

经过紧张的精心准备，卫星远地点发动机准确实施点火后，卫星轨道变为远地点 6480 公里、近地点 358 公里的大椭圆轨道，运行周期也从原来的 1 小时 30 分延长至 2 小时 43 分，使卫星运行轨迹经过中国上空的时间得以延长，从而把一颗不能正常使用的试验通信卫星调整为一颗能长期工作的科学实验卫星。故障对策的成功运用，提高了卫星的运

孙家栋与他的同事们在卫星测试间隙谈论的话题，也离不开卫星数据

行寿命，并利用这种条件，完成了卫星及其各系统的功能考核、性能指标测试和寿命试验，以及通信、广播、彩色电视传输等试验，取得了大量宝贵资料。试验通信卫星首次发射虽然失利了，但各系统得到了全面检验，为后续试验通信卫星的发射积累了经验。

1984年4月，正是西昌的阴雨季节。4月8日这一天，从早到晚，发射场上空都被乌云笼罩，云雾不时在发射塔顶缭绕。傍晚时分，环抱运载火箭的发射塔活动平台徐徐展开，如巨龙一般的乳白色"长征三号"运载火箭完全暴露在发射台上。发射场灯光齐射，使崇山峻岭中的这块地盘变得如同白昼，运载火箭在灯光衬映下是如此的雄伟挺拔。

19时15分，连接地面与卫星的脱落插头成功脱落。指挥控制室的显示屏上显示出，卫星、运载火箭、发射设备以及测量控制系统全部正常。

19时20分，"长征三号"运载火箭的4台发动机同时喷射出烈焰。在震耳欲聋的轰鸣声中，火箭离开发射台，冲向天空，飞离地球。

19时40分，"长征三号"运载火箭成功地将中国第二颗试验通信卫星送入地球同步转移轨道，发射任务终于获得圆满成功。

通信卫星发射成功的第二天，刚刚卸下卫星发射重任，还没来得及喘息休整的孙家栋，一大早便乘专机从西昌紧急赶往西安卫星测控中心。

4月10日8时47分，西安卫星测控中心按正常程序对卫星发出遥控指令，将卫星推入东经142度附近的地球准同步轨道。接着，西安卫星测控中心按照程序对卫星进行了姿态调整，使卫星建立了能够正常工作的自转轴垂直于地球赤道平面姿态，获得了利用红外信息长期跟踪控制的条件。

试验无坦途，在天上工作的卫星不可能总是按照人的意志那样一帆风顺。正当这颗通信卫星经过轨道调整、远地点发动机点火，进入地球准同步轨道，向预定轨道位置漂移的时候，西安卫星测控中心通过遥测数据发现，装在卫星上的镉镍电池温度超过设计指标的上限值，并且还有继续上升的趋势。根据遥测数据分析判断，卫星外壳和其他部分仪器的温度也偏高。假如温度得不到控制，任其持续升高，卫星将有被烧坏的危险，这颗刚刚发射成功的卫星就危在旦夕了。

地面技术人员遥测几万公里高空发热的卫星，如同医生隔洋跨海远距离诊断发高烧的病人，如果不及时为病人退烧，则会危及病人的生命。对远在赤道上空 3.6 万公里高度快速飞行的卫星实施控制，事不迟疑，刻不容缓。

尽管此时孙家栋心力交瘁、疲惫不堪，但他决定立刻召集技术人员开会，发挥技术人员的聪明智慧，群策群力，出主意想办法。孙家栋简练地谈了自己的想法，很快就建立了一个解决问题的思路。孙家栋凭着对卫星及其飞行过程的分析，初步判定卫星发热是由卫星相对太阳姿态角的变化引起的，果断地提出克服卫星蓄电池热失控的应急方案，作出对卫星进行大角度姿态调整，增大太阳照射角，降低太阳电池阵与蓄电池之间的电压差，减小充电电流，迫使蓄电池停止升温以至降温的应急处置决定。

西安卫星测控中心的指挥人员和操作人员，接到对卫星进行处置的通知后，在地面对天上的卫星发出了应急指令，将星上所有功耗仪器设备全部打开，尽可能多地消耗电能，

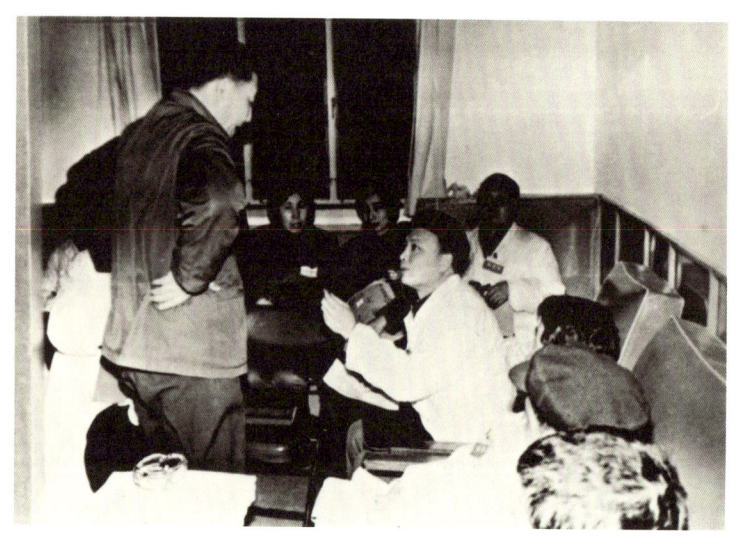

1984 年，孙家栋（左一）在"东方红二号"通信卫星故障处理的决策会议上

并多次调整卫星姿态，改变太阳辐射角，以减少太阳能电池对卫星的供电，最大限度地增加镉镍电池放电量。

这时，在控制室能够听到急促而有序的指令声：

"发出开启指令！"

"指令发出！"

"星上接到指令，执行完毕！"

……

完成这些技术措施后，卫星的电池温度开始显现出得到控制的趋势，证明采取的措施是正确的。但此时的卫星还是达不到正常工作的条件，仍然不能进行正常通信传输。孙家栋与相关专业人员乘胜追击，又经过几个昼夜的模拟试验发现，当太阳辐射角为 90 度时，卫星的能源系统可以将电池温度控制在设计指标范围内。卫星在太空飞速运行，地面的测控设备紧盯不放，片刻延误便会失去调整卫星的机会。又是一个紧张时刻，孙家栋紧盯着数据屏，要求指挥员下达"再调 5 度"的指令。殊不知，执行这个指令，按照正常程序，需要根据精确的运算数据结果，形成操作文件，按审批权限签字后才能执行。但在这个稍瞬即逝的紧急关头，办各种审批手续已经来不及。指挥员以非常规做法执行孙家栋的口头指示确实压力山大，尽管孙家栋的指令已经被录了音，但是毕竟没有经过指挥部会商签字。在这进退两难的时刻，指挥现场的几个操作人员为了慎重起见，临时从记录本上撕下一张纸，在上面草草写下"孙家栋要求再调 5 度"几个字要孙家栋签名。孙家栋毅然拿起笔，在字条下方快速签下

"孙家栋"三个字。

西安卫星测控中心对卫星姿态再次调整后,验证了孙家栋这一措施的正确性,卫星终于化险为夷,保证了卫星定点和长期稳定运行。孙家栋这时也到了精疲力竭的极点,疲乏无力地瘫坐在那里,却面露微笑,显出内心的喜悦。

1974年11月5日,中国发射第一颗返回式卫星时,孙家栋曾在发射指挥控制室打破正常程序,不顾一切地果断命令:"停止发射!"10年后,孙家栋又一次发出了打破常规的指令。孙家栋非常清楚他签名的风险,这与10年前发射返回式卫星的情况一样,也需要把个人的一切顾虑抛到脑后。战争年代,这叫作将生死置之度外;在没有硝烟的卫星发射、测控现场,这难道不是一种不顾个人安危的大义凛然?

对太空中"发烧"的卫星这样处理,在国际航天界实属少有,同事们都惊叹孙家栋这个绝招儿。事后,处理卫星故障的这种创造引起了航天界人士的关注。当时,人们就纷纷说,这样一颗卫星的研制成本达数亿元。孙家栋不仅为国家挽回经济损失,更重要的是突破了中国卫星通信技术的难关。他的这一创新性举措为中国通信卫星工程立了一大功!

1984年4月16日18时28分,通信卫星在地面控制下,准确定点于东经125度赤道上空,实现了运行周期相对于地球的静止同步轨道。中国人终于依靠自己的技术和能力拥有了自主研发的地球同步轨道通信卫星,孙家栋也实现了心与星的同步。

4月17日18时,卫星通信试验正式开始。早已调试好

十一、天地通信 群星荟萃

的北京、南京、石家庄、昆明、乌鲁木齐卫星通信地球站，展开数字化通信、广播和彩色电视节目传输、报纸版型传真、时间标准频率播发等工作。结果表明，卫星工作正常，

1984年4月，国务委员兼国防部部长张爱萍（右）利用我国刚发射成功的通信卫星，与新疆维吾尔自治区党委第一书记王恩茂通话

1984年4月，张爱萍在北京卫星通信接收站高兴地题写了"通天盖地"

113

传输品质良好。孙家栋又马不停蹄地赶回北京,验证卫星在轨测试结果。

4月18日10时,张爱萍在北京卫星通信接收站通过试验通信卫星,与远在乌鲁木齐的新疆维吾尔自治区党委第一书记王恩茂通话,声音如同近在咫尺,非常清晰。孙家栋舒心地松了一口气,此时内心洋溢的欢欣也只有他自己最清楚。经过几千个日日夜夜的拼搏,孙家栋总算露出了由衷的笑容。

中国通信卫星投入使用,是中国航天技术发展取得的又一个重大突破,标志着中国成为世界上第五个能研制、发射和使用地球静止轨道通信卫星的国家。

1984年4月18日,党中央、国务院、中央军委向全体从事试验通信卫星研制与试验的科学工作者、工程技术人员、工人、干部和解放军指战员发出贺电,并于4月30日在北京人民大会堂隆重举行庆祝中国试验通信卫星发射成功大会。

一次,孙家栋陪同曾担任第七机械工业部总工程师、航

孙家栋(左二)与宋健(右二)、聂力(左一)参观中国航天科技成果展览

天工业部副部长的宋健和国防科工委科技委副主任聂力参观中国航天科技成果展览。听完中国航天事业取得的成就和下一步发展规划介绍，这三位老航天人内心非常欣喜与自豪。

中国试验通信卫星发射成功，为中国航天事业的发展开创了新局面，为中国航天技术的应用奠定了新基础。通信卫星工程总设计师孙家栋面对记者提问时，表情平静而自豪地说："中国通信卫星工程倾注了中国几代航天人的心血。通信卫星发射试验的成功具有重要里程碑意义，也是千千万万参与者永远铭记的大事情。我在这项工程中与每个参与者完全一样，只是普通一员而已。"

天地往返遥感卫星、试验通信卫星的相继成功，标志着中国的卫星事业快速步入了应用阶段。领导研发新一代中国应用卫星的重担，在孙家栋的肩上也愈发沉重。

按照国家制定的规划，"东方红三号"通信广播卫星工

1984年4月，成功发射中国第一颗通信卫星胜利归来后，孙家栋与闵桂荣（左）、戚发轫合影

1984年4月，成功发射中国第一颗通信卫星后，孙家栋与戚发轫胜利归来

程、"风云二号"地球静止轨道气象卫星工程，以及中国与巴西合作研制"资源一号"地球资源卫星工程，组成中国新一代应用卫星航天工程。

这三个领域的卫星工程堪称世界级的先进技术，每个卫星工程都分别由五大系统组成，每个系统都有总设计师。而五大系统的总设计师不仅要管卫星，还要统管运载火箭、发射场、测控通信以及卫星发射上天后的地面应用，因此被尊称为"总总师"。孙家栋又一次受命，成为统领这三项卫星工程的"总总师"。

"东方红三号"卫星是一颗中等容量的通信卫星，发射定点于太空预定位置后，可以实现对中国大陆、海南、台湾及近海岛屿的电视、电话、电报、传真、广播和数据传输等业务，可连续向这些地区同时传输6路彩色电视节目和8000

十一、天地通信 群星荟萃

20世纪80年代，孙家栋(左一)向刘华清、杨得志、李德生、邹家华、杨尚昆、张爱萍(右起)等同志汇报卫星研制情况

路双向工作电话。它的研制成功，为中国其他通信卫星的研制和发展奠定了基础，标志着中国通信卫星技术跨上了一个新台阶。

1997年5月12日，新研制投入使用的"长征三号甲"运载火箭，托举着中国首颗新一代"东方红三号"广播通信卫星在西昌卫星发射中心发射升空，准确进入倾角28.3度、周期10小时39分、近地点为209公里、远地点为36194公里的大椭圆转移轨道。按预定飞行程序，在地面测控系统的测控管理下，卫星先后完成南北太阳电池阵展开、通信天线展开。远地点变轨发动机经过3次点火变轨，将卫星送入地球准同步轨道。5月20日16时，卫星成功定点于东经125度赤道上空。

1986年3月，国务院正式批准"风云二号"地球静止轨道气象卫星研制任务，并将"风云二号"气象卫星工程列入航天重点工程。"风云二号"气象卫星投入使用后，将极大改善中国气象预报手段并迅速提高气象观测水平，为中国气象现代化事业发展提供一个新的手段，对气象事业服务于人民生活、国防、工农业生产及其他行业产生重要的影响。

经过长达11年的艰苦奋斗，1997年6月10日，"风云二号"静止同步轨道气象卫星在西昌卫星发射中心发射成功。这标志着中国气象卫星进入了一个新阶段，使中国成为世界上第三个同时拥有极轨气象卫星和静止气象卫星的国家。

"风云二号"气象卫星投入运行后，成为中国现代化气象业务系统中不可或缺的重要组成部分，也被世界气象组织正式列为世界天气监视网全球观测系统的一个组成部分。"风云二号"气象卫星获取的大量信息，被广泛应用于天气预报、

1988年7月5日，航空航天工业部成立，部领导成员合影。左起：孙家栋、刘纪原、林宗棠、莫文祥、姜燮生、何文治。

十一、天地通信 群星荟萃

气候预测、环境和自然灾害监测、农业等多个国民经济领域,不仅使灾害性天气的监测和预报更加准确及时,而且填补了中国青藏高原地区气象观测资料的空白。

1985年,孙家栋被任命为航天工业部副部长。1988年,国务院机构改革,将航空部与航天部合并为航空航天工业部,孙家栋履任副部长。

1988年7月6日,孙家栋参加了中国与巴西两国政府关于核准研制地球资源卫星的议定书签署仪式。中巴地球资源卫星由中国空间技术研究院和巴西国家空间研究院联合研制。卫星搭载中国的运载火箭在中国发射,卫星发射成功投入运行后由中巴两国共同使用。1989年4月,孙家栋率代表团前往巴西访问,协调磋商两国合作的有关重大问题。随后,两国技术人员对原来地球的资源卫星设计方案进行了讨论和修正,按照新的方案制定了工作计划,确定了责任分

中国与巴西资源卫星项目合作初期,孙家栋同巴西代表亲切交谈

工,合作研制工作随之全面展开。

研制中巴地球资源卫星,是中国首次在空间技术领域进行的全面国际合作。"资源一号"卫星是中国第一代实时传输型对地观测卫星,以当时国际先进的地球资源卫星技术指标作为设计依据。这颗卫星的空间探测分辨率高于陆地卫星,与国际水平相当;并且,谱段优于国际卫星水平。除此之外,在设计指导思想方面,"资源一号"卫星按照高水平的卫星平台制定研制方案。

在孙家栋的亲自领导组织下,各系统按照设计依据和任务区分,大刀阔斧地修改和制订了设计与试验方案,使"资源一号"卫星总体技术方案更加趋于合理,研制工作快速步

孙家栋(后排左一)出席中国与巴西航天科技合作协议签字仪式

十一、天地通信　群星荟萃

孙家栋举杯祝贺中国与巴西空间技术合作取得阶段性成果

入正轨。

经过中巴两国科技人员11年的艰苦努力，1999年10月14日，"长征四号乙"运载火箭托举着中国和巴西联合研制的第一颗"资源一号"卫星，在太原卫星发射中心点火升空，将卫星准确送入预定轨道。

孙家栋从发射指挥控制室来到发射场坪，望着还在空旷的发射台上飘散着的烧蚀的袅袅余烟，心中思绪万千。他想到11年来科技人员艰辛工作的日日夜夜，想到攻克技术难关时遇到的困难，想到大量综合协调取得的成果，脸上露出了多日难以见到的笑容。这笑容是长时间紧张、忙碌得到释放后的轻松，是发自内心由衷喜悦的表露。

2018年11月22日，孙家栋被巴西航天局授予中巴地球资源卫星合作项目突出贡献者奖

至此，由孙家栋担任航天工程总设计师主抓的"新三星"任务圆满完成。中国的应用卫星稳定地在太空运行，造福于人类。可谓是，中国卫星步步高，群星璀璨逞英豪！

十二、运筹帷幄　发射外星

中国以连续成功发射返回式遥感卫星、气象卫星和地球同步静止轨道通信卫星为标志,在国际航天领域形成了一定的影响力。随着改革开放浪潮的推动,中国的运载火箭和发射能力呈迅猛发展势头。包括孙家栋在内的中国航天领域领导敏锐地认识到,中国火箭应当走出国门,要在国际上寻找机会,承揽卫星发射任务。

在改革开放初期,用中国的火箭为外国发射卫星,可以给任务尚不饱满的航天产业带来新的生机。通过火箭研制、发射任务培养锻炼新一代科技人员,使技术设备得到充分利用并更新换代,以此扩大航天产业规模。发射外国卫星,是一件壮国威、振民心的好事,既能实现保本创汇、增加经济效益,还将增强海外华人、华侨的爱国凝聚力。

早在1976年,孙家栋以中国航天专家的身份,赴法国、联邦德国、荷兰、意大利、英国、瑞典以及欧洲空间局访问考察时,就敏锐地意识到,中国航天领域的闭关锁国状况不能再继续下去了。航天事业封闭,只能在自家的小圈子里摸索爬行;而与世界先进国家开展合作与交流,才能开辟促进中国航天发展的广阔途径。过去是因为我们自己的技术落后,人家不跟我们玩儿;现在,我们已经初步具备了条件,就不能等待，不能错失良机。

孙家栋记得当年在北京接待美国航天科技代表团时，一位老领导对他语重心长的一句话："家栋啊，你看，通过国际间的交往，不仅能够开阔我们自己的思路，也让世界了解我们。坚持航天国际合作，不但对我们至关重要，而且是双赢，对双方都是有好处的。"

1986年6月6日，聂荣臻元帅在北京玉泉山住所会见航天专家，最后一排左三为孙家栋

孙家栋明白这位老领导话里的意思："我在法国考察空间技术时，看到欧洲空间技术的快速发展深有感触。那时，我就在想，我们真是应该尽快走出去开阔一下视野，也把国门打开让世界同行了解我们。"说到这里，孙家栋看了看周围的外国航天同行，继续说："我的想法是，中国的运载火箭能够尽快进入国际发射服务市场，在与国际航天界展开合

作交流的同时,参与外国商业卫星发射的公平竞争,实施军转民、内转外的策略,使中国航天尽快走向世界。这是中国航天事业得以快速发展的有利时机,同时也是对国际航天发射的贡献。"

听完孙家栋的话,那位老领导欣慰地笑了,高兴地点着头:"家栋说得很对,这是航天发展的一条必由之路。"很多随行的中国人员,包括美国航天科技代表团的成员听了,都禁不住向孙家栋投来赞许的目光。

中国航天对外开放初期,孙家栋(右二)与国防科工委副主任沈荣骏(右三)会见美国航天科技代表团成员

1984年9月,国家邀请海外华人、华侨代表参加国庆35周年庆典活动。孙家栋与时任航天工业部部长张钧一起,陪同几十位回国观礼的华裔科学家参观了中国研制的4种型号人造地球卫星。

华裔科学家们亲临中国卫星生产、制造现场后,纷纷发

十二、运筹帷幄　发射外星

出感叹：

"作为炎黄子孙，见到完全属于中华民族自己的人造卫星，我感到无比光荣与自豪。"

"看到祖国在航天方面取得的巨大成就，我们海外华人内心激动。祖国强大了，我们在海外才会有地位。祖国的火箭飞得有多高，我们的头就能够抬多高；祖国的火箭越厉害，我们海外华人的腰杆子才能挺得更直。"

华裔科学家们在参观之后，盛赞祖国航天事业取得的辉煌成就，他们每个人脸上都洋溢着自豪的神情。是啊，只有自己的国家强大了，那些身居海外的华人、华侨才能扬眉吐气。孙家栋看到这一场景，欣慰地意识到，航天技术不仅仅是一种单纯的技术，航天技术的进步还可以为凝聚海外华人、华侨这一国家大政方针服务。

1985年10月，中国政府对外庄严宣布：中国"长征"

1984年9月，孙家栋向回国参加国庆观礼活动的华裔科学家介绍中国航天发展情况

1985年7月，孙家栋亲切会见首位美籍华裔航天员王赣俊（左）

系列运载火箭投放国际市场，承揽对外发射服务。

这个消息一经发布，立刻在国际社会引起了强烈的反响。

就在中国实施"长征"系列火箭进入世界航天发射市场之时，世界航天界却接二连三地传来噩耗：

1986年1月28日，美国"挑战者号"航天飞机升空后

1985年7月，孙家栋（左二）接待第一位美籍华裔航天员王赣骏（右一）等人

十二、运筹帷幄　发射外星

孙家栋（前排右一）
与法国航天代表团合影

爆炸，机上 7 名航天员无一幸免，全部遇难；

4 月 28 日，美国"大力神 34D"火箭点火升空仅几秒钟便爆炸解体，化为一片残骸散落地面；

5 月 3 日，美国"德尔塔"火箭升空后 91 秒，飞行姿态失去控制，地面控制人员被迫发出炸毁指令，火箭载着卫星如同空中散花一般毁于一旦；

5 月 31 日，法国"阿里亚娜"火箭喷着烈焰刚刚离开发射台，还没有离开人们的视线就发生爆炸，变为一片火海。

仅仅 3 个多月、100 多天，接连的发射失败搅乱了国际航天发射市场。这些发射失败的惨剧令航天界心痛不已，使航天发射服务市场元气大伤。不仅如此,美国航天飞机最初投入使用后,美国航天局曾作出终止生产一次性使用火箭的决定,使原有的运载火箭生产线基本处于关闭状态。谁料,航天飞机发射后从太空归来的修复周期与修复费用并不是理论上的那么理想。这些实际情况都让美国的航天发射市场措手不及。

发射失败的火箭重返发射场,是需要一定周期的。已经造好、排队等候上天的卫星,由于没有火箭运送而滞留地面。一方面,地面的卫星应用系统等着使用卫星;另一方面,造好的卫星不仅占用场地,还得耗资保养。国际航天发射服务陷入低谷,对中国来说却是进入国际航天市场千载难逢的好机会。中国的火箭完全可以作为国际航天发射的延伸和补充,为亟待上天的卫星提供发射服务。孙家栋想,我们应该抓住这一有利时机,迎接挑战。

1986年7月17日上午,北京中南海,国务院第十三会议室,国务院领导就发射美国等国家的卫星问题听取有关人员的汇报。孙家栋与时任国防科工委主任丁衡高、副主任沈荣骏以及航天部副部长刘纪原等有关领导,参加了汇报会。

丁衡高说:"当年中国'两弹一星'的成功,在国际上显示了中国科技的实力,为中华民族大添光彩。现在,我们要为世界最具科技实力的美国发射卫星,也必然会在国际上产生巨大影响。"

刘纪原说:"中央提出实施军转民的战略方针后,为了减轻国家负担,自谋生路,许多生产任务吃不饱的航天工厂，开始大力生产民品，自己四处找米下锅，开展另一战线的创业活动。为了让中国的航天产业继续发展壮大下去，为了保住现有的这支航天技术队伍，很多老专家、科技人员和普通工人，都主动提出少发奖金或不发奖金，把钱省下来作为发展航天产业的基金。特别是知道我国的'长征三号'火箭将要打入国际市场、承揽外星发射业务后，航天部全体同志更是振奋不已，决心很大，纷纷表示愿意为此作不懈的努力。"

沈荣骏说："我们为美国发射卫星，可以带动中国相关产业的发展，不仅可以提高航天研制、发射水平，而且可以促进中国高科技事业更快进步。"

孙家栋认为："这是中国航天的一次创业。开创性的事情总是与风险紧密相连，成功则意义重大；万一失利，影响更大，甚至负面影响大于成功的意义。所以，要想尽一切办法确保成功。发射美国卫星，只能成功，不可失败！"

国务院领导听完汇报，原则同意尽快开展这项工作；同时强调，为外国发射卫星是一个新的举措，要把方方面面的问题想周全，安排好计划，确保发射成功，提高中国火箭的信誉。

当天晚上，孙家栋与丁衡高、沈荣骏、刘纪原等参加会议的领导挑灯夜战，在国防科工委办公大楼10层会议室召开具体落实会议，研究发射外国卫星的实施办法，并拟制了报送国务院、中央军委的《关于发射外国卫星若干问题的请示》。

国务院、中央军委接到这份请示后，很快下发通知，确定将发射外国卫星列入国家重点项目,代号为"867工程",给予必要的特殊政策,由国防科工委负责组织实施,并要求有关部门予以大力配合。

孙家栋和沈荣骏、刘纪原在工作中是多年的老搭档,这次合作起来更是雷厉风行。"867工程"正式实施后,他们几乎每天都互通信息,统一认识,以便尽快部署落实。

2006年10月10日,孙家栋一行来到西沙永兴岛,由右至左依次为:孙家栋、刘纪原、沈荣骏、王永志

1986年11月27日至12月1日,国防科工委在北京远望楼宾馆召开了第一次外国卫星发射任务工作会议。时任国务委员兼国防部部长、中央军委副秘书长张爱萍亲临会议,他铿锵有力、语重心长地向与会人员讲道:"中国航天技术进入国际市场,不仅表明中国在航天事业和科学试验上有了新的成就,而且说明我们整个国家进入了一个重要的历史转折新时期,具有划时代的意义。我们之所以取得成功,不是

十二、运筹帷幄　发射外星

由于环境造成的，主要是由于我们自己的主观努力取得的。这个主观努力不仅仅在航天、核技术和国防工业方面，而且是整个国家的共同努力，所以，即使在最困难的时期，也还是取得了成功。"

讲到这里，张爱萍提高了声音："大力协同、统一组织领导，是我们取得成功的经验，也是我们的光荣传统。搞这样复杂的技术，没有统一的组织指挥、互相协同和互相服从是不可能的。给国外发射卫星，是我们中国进入国际市场的一次重大试验，更应该把我们成功的经验和光荣传统尽可能更好地运用并发展。这是我们祖国的荣誉，更是我们中华民族的荣誉！"

孙家栋（右一）与国务委员兼国防部长、中央军委副秘书长张爱萍（右三）一起会见法国客人

孙家栋面对着张爱萍充满激情的熟悉的面孔,听着张爱萍极具感染力的讲话,与200多位参加会议的人员都有同感,都被老将军的爱国情怀所感动,一股崇敬之情不由得从他心中油然升起。

中国火箭承揽外国商业卫星发射,是一种国际性的商业行为。既然是商业,就要按照做生意的商务惯例来谈买卖,就必须学会与国际航天商人打交道。所不同的是,这个生意是国家的生意,不仅与技术密切相关,与市场紧密相连,还有高度的政治要求。这是航天国际市场上垄断与反垄断的较量,也是国际高技术领域开发应用实力的比试。

孙家栋又一次受命于关键时刻,毅然挑起了中国航天国际合作谈判的重担。航天工程技术专家孙家栋在国家改革开放的重要关头,又充当起航天"生意人"的角色。

对中国航天进入国际市场,一些友好国家和航天界团体

孙家栋(左一)与外国朋友亲切交谈

持支持态度，认为中国这样的泱泱大国，在航天方面已经取得巨大成就，完全应该参加国际平等竞争。如果没有中国的加入，国际航天市场是不全面的，就如同联合国没有中国的参与则不全面、不合理一样。而对中国缺乏了解的国家，有持观望态度的，也有持反对态度的。还有反对者散布说，外国卫星到了中国，技术秘密得不到保证；中国航天的资金是政府投资，中国为外国提供的航天发射服务价格低廉，是一种倾销的做法，会对其他航天发射服务商构成威胁。中国航天跻身国际尚未开始，就招来一片这样那样的言论。接踵而来的，是以美国为主导对中国航天设置的障碍。美国政府对高技术管控向来非常严格，此时便提出，卫星属高技术产品，要严格按军品管理，卫星出境必须得到美国国务院、国防部及武器出口控制委员会批准。

中国进入国际航天市场本身就是一个创新。面对这些问题，回避是不可能的，当然也是回避不了的。孙家栋主张，我们要面对现实，认真分析国内外形势，做到知己知彼；要加大国际宣传力度，走出国门，主动出击，让世界尽快了解中国。

很快，孙家栋与有关领导点将，由航天部、中国卫星发射测控系统部等部门组成卫星发射服务宣讲团，分赴有关国家，特别是美国这个卫星制造大国，宣传中国的发射服务水平，讲解中国的各种保障支持能力和正义立场。

孙家栋亲临第一线，他和同事们的宣讲使海外爱国华人、华侨群情大振。他们利用熟悉所在国政治、经济的优

孙家栋会见外宾

势，积极献计献策。很多持有不同见解的国家、公司相继解除误会，逐步改变了看法。宣讲收到了很好的效果。

此后，根据需要，经国务院批准，外交部、国防科工委和航空航天工业部抽调专人，联合组成中国航天对外发射谈判代表团。时任航空航天工业部副部长孙家栋受命出任团长，时任外交部部长助理刘华秋出任副团长。

1988年10月18日，孙家栋率代表团成员在北京钓鱼台国宾馆，同美国政府代表团开始了为期4天的第一轮会谈。

美方代表团由美国国务院负责经济、商务的助理国务卿麦卡里斯特任团长，成员包括美国国务院、商务部、运输部、国防部、安全部和美国国家航空航天局（NASA）等部门的官员。

孙家栋认为，与美国共同制定中国发射外国卫星的政策必须建立在平等互利基础上，这是原则问题。不同国度的不同思维是方法问题，而中国打破常规习惯的做法来对待这场谈判则是技术和技巧问题。谈判场如同战场，一场艰巨的攻坚战就这样开始了。

孙家栋自然、大方、不卑不亢地端坐在美国谈判对手对面的中央位置，他宣布会谈开始并简短致辞后，便直接切入主题，义正词严、单刀直入地陈述了中国政府的原则和立场。这些话语光明正大、打动人心，在当时起了很重要的作用。孙家栋的每一句话、每一个动作以及阐述每一个重点问题的声调，都拿捏得极有分寸。只要是想好、看准、分析透的问题，他一定会作为主线在谈判中贯彻始终，直至达到目的。哪怕是很细小的环节，他都毫不马虎。从孙家栋的一言一行，与会人员感到，他尊重对方，让对方信任，有一种既坚持原则又谦虚谨慎的豁达，是一个言必信、行必果、说话算话、可以信赖的人。

孙家栋敏捷地对待会谈中的每个具体步骤和细节，中方代表团的每个成员也都很认真。谈判一开始，大家的大脑就处于高度紧张状态。不仅中方代表团成员是这样，看得出，美方代表团成员也同样如此。

在谈判桌旁，稍加留意就会发现，孙家栋眯缝着那双眼皮略为下垂的眼睛，表情严峻。在静静倾听别人的发言时，他很深沉，喜怒不形于色，但又能让人们感觉到他在沉思。再琢磨孙家栋的眼神又会发现，他深思熟虑想好一件事情要发表意见时，那双深邃的眯眯眼瞬间睁大，此时竟是如此有神,似乎能放射出他大脑中的自信与智慧。当会谈出现相持不下的尴尬局面时,孙家栋会突然蹦出几句诙谐和幽默的话来,使谈判双方在不经意的哈哈大笑中悟出一定的哲理,为僵局带来转机。孙家栋的眯缝眼成了他勤于思考的特征。

麦卡里斯特深谙政治,熟知外交,是美国的职业谈判老手。他与孙家栋交手后大为吃惊,这位闻名于国际航天界的科学家、"造卫星"的专家,怎样会掌握那么多集政策、科技、外交等诸多方面的谈判技巧?

美国的谈判代表开始以钦佩的眼神看中国人,他们的傲气渐渐消失,随之进入了一种宽松、谅解的氛围。在这样的氛围中,美国人也开始含蓄地对中国同行讲几句悄悄话,承认谈判是困难的,如果谈崩了,回到美国无法向里根总统交代,但如果全都依照中方的文本达成协议,则不符合美国的商业利益和有关卫星安全条例,将会更麻烦。

在接下来的谈判中,孙家栋的说理工作是耐心的,却又针针见血。他严肃指出,不可能依照美方文本的根本原因是,美方没能按约定提供合理的、平等的条款文本。中方不能签订一个不平等协议,如果要谈,只能依据中国提供的文本!

在这样的情况下,针锋相对的中美双方无法再谈文本问题。聪明的外交家麦卡里斯特话锋一转,开始质询中国发射卫星的一系列细节:发射场在何处,每年发射多少颗卫星,每颗卫星的发射价格……

孙家栋报出卫星发射价格,麦卡里斯特的神色严峻起来，又一次以强硬的口吻指出:"美国认为,中国的卫星发射价格不属于正常的市场价格,是在政府补贴下的市场倾销价格。"

孙家栋口气平和但柔中有刚地说道:"在卫星发射价格这个问题上,中国和美国都坚持并奉行各自国家的政策,但都以国际市场的公平价格为准则。如果说在发展航天方面有政府补贴的话,难道美国的卫星发射场不是由国家投资建设的?若也是国家投资建设的,是不是也应该作为政府补贴来看待呢?"孙家栋的回答有着赶板夺词的气势。

孙家栋的话语极具气场。他沉着镇定,不慌不忙,给大家一种胸有成竹的感觉。说到这里,孙家栋露出了习惯性的眯眯眼笑容,他娓娓道来:"中国的卫星发射场是中国改革开放的'军转民'产物,商业利益与美国是一致的,成本核算也与美国相同。要说为什么中国的发射费用低,那就是中国的劳动力比美国便宜得多。当前,美国一个从事航天工作的普通劳动力月收入应该是 2500 至 4000 美元,而中国一个普通劳动力的月平均工资只有 150 多元人民币,仅仅相当于 30 多美元。这相差悬殊的工资体现到千军万马的航天大系统,体现到劳动力密集的火箭制造企业,中国卫星的发射价格比美国便宜难道不正常吗?这种价格恰恰说明中国有竞争力,也说明中国应该进入国际卫星发射服务市场开展平等竞争!"

谈判向纵深发展,越是实质性的问题,交锋就越尖锐。谈判取得成功是在相互让步中求得统一。然而,在原则立场上,孙家栋是绝不让步的,恰恰在这一点上,体现了他的大智大勇。

当谈到美国卫星进入中国后的技术安全保障问题时,谈判几乎陷入僵局。美国不仅要求中国在技术措施方面保证卫星的机密不会被窃取,还要求中方承诺卫星在进入中国海关时免除安全检查。这方面的问题已经不是航天范畴的问题,涉及国家海关主权原则,必须拿出相应对策。中方代表团连夜进行了研究,能否答应美方要求?能否对美国卫星不进行安全检查?中国海关对这种特殊情况的主权如何定义?要赶快征求外交部和海关总署的意见。虽说要灵活处置,但这个"灵活"的度到底应该如何把握才合适?这是国家的创新行为,需要国家有关机构综合研究。

孙家栋组织大家研究时,脑筋急转弯一般,突然想到了中国的经济特区政策,想到了美国卫星在中国测试发射后

1988年10月21日,孙家栋代表航空航天部和美国助理国务卿麦卡里斯特举行政府间会谈,并签署中美关于合作发射国际商业卫星协议

十二、运筹帷幄　发射外星

便进入太空轨道，实际上与中国再没有任何关系，这种"入关"其实只是"过境"。在中国经济特区的保税外贸加工区里，也有区别于"入关"的开放政策，如果能够运用这项政策，无疑可以打破谈判僵局。

所有人猛地一下恍然大悟，认为关于美国卫星"过境"的定义是正确而有说服力的，马上行文报到外交部和海关总署，很快就得到批准。

孙家栋（前排左五）在美国与技术洽谈代表团其他成员合影

孙家栋率领的代表团打赢了中美谈判第一仗，使中国进入国际航天市场的计划得以深入进行。

按照中美双方商定的计划，第二轮会谈在华盛顿举行，孙家栋率领中国代表团如期来到美国。1988年12月1日，中美针对《关于卫星发射责任的协议备忘录》《关于卫星技术安全的协议备忘录》和《关于商业发射服务的国际贸易问题的协议备忘录》的具体条款，开始谈判。从双方的阵势可以明显看出，中美代表团成员都是有备而来的，也都是经过反复研究并准备了若干对策才上阵的。

孙家栋提出，参照第一轮会谈的经验，本着不失主权、原则问题绝不让步的前提，在平等、互惠互利、求同存异的基础上，向美方清晰表达中方的立场。经过4个昼夜，十易其稿，反复修改。这个过程不仅是能力的体现，更是双方智慧的较量。最终，中美双方圆满完成了3个协议备忘录的签署工作。

在返回北京的飞机上，大家看到孙家栋舒心的兴奋表情，共同庆贺这个阶段性胜利，对下一步工作充满了信心。

孙家栋在谈判中的感触颇深：国际航天合作谈判实质上是综合国力的较量。国家的实力增强了，与对方谈

孙家栋访问美国国会科学、空间与技术委员会

判的话语权自然就加重了。孙家栋深信,自己背后有强大的祖国在支持,自己代表的是国家和人民的利益。

曾经担任航空航天工业部副部长、中国航天工业总公司首任总经理、国家航天局首任局长的刘纪原,在回忆中美航天合作时由衷地讲道:"中美航天合作的谈判,是中国航天对外开打的第一仗,这一仗是国家级的一次创业。家栋同志的聪明才智派上了用场,他代表的是国家,他在第一线与美国人面对面谈判,他的背后有12亿中国人民在给中国航天作后盾。"

1990年4月7日傍晚,夜幕降临,振奋人心的时刻来临了!

1994年9月,孙家栋(前排右二)与国务委员兼国家科委主任宋健(前排右六)、国家航天局局长刘纪原(前排右四)会见美国政府代表团

美国制造的卫星运往西昌卫星发射中心发射场

时针一分一秒地指向21时。地处四川大凉山深处的西昌卫星发射中心成为全世界航天界的关注点，因为这里将使用中国的运载火箭发射从地球另一端远道而来的人造地球卫星。发射场在四周的灯光照耀下显得格外明亮，环抱着火箭的发射塔架活动平台缓缓开启，巍峨的火箭渐渐出现在人们的视野里。以前的"长征"火箭顶部整流罩上只喷涂五星红旗，而眼前这枚火箭的顶部首次出现了两面国旗，一边是鲜红的五星红旗，另一边则是美利坚的星条旗。这次发射，成败与否影响深远。

21点30分，发射指挥员气壮山河的"点火"口令，瞬间由发射控制台传向西安、北京、宜宾、贵阳、厦门以及静候在南太平洋的"远望"号航天测量船。"长征三号"运载火箭托举着美国制造的"亚洲一号"通信卫星，以雷霆万钧的呼啸声拔地而起，直刺天穹。山谷被一阵阵隆隆的轰鸣声笼罩，大山折射的回声更增加了火箭轰鸣的雄壮。

火箭飞行21分钟后，指挥调度的喇叭中传来"火箭起

十二、运筹帷幄 发射外星

旋,星箭分离,卫星入轨"的报告,表明"亚洲一号"通信卫星被成功送入距地球36897公里的预定大椭圆轨道。

此时,坐在指挥大厅前排的美国休斯空间通信公司副总裁多夫曼、加拿大泰列赛特卫星公司亚洲发射主任柯达,放下直通美国的电话之后,激动地与孙家栋紧紧拥抱。

亚洲通信卫星公司行政总裁赛栋紧紧握着孙家栋的手,激动地祝贺此次合作成功:"孙先生,中国航天能有今天的成就,确实让我们大开眼界,真是可贺可庆。首先,我要向孙先生表示诚挚的祝贺!"

"亚洲一号"卫星发射成功

孙家栋谦虚地笑着说:"赛栋先生,这次发射成功是我们整个中国航天界,包括火箭研制部门和西昌卫星发射中心工程技术人员共同努力的结果,也是我们与美国卫星制造工程技术人员密切配合的结果。这还得益于中国改革开放为航天国际合作提供的好政策。"

赛栋听了,连连点头:"是啊,中国是一个极有前途的国家,在改革开放政策的指引下,无论哪个方面,都在与国际接轨。"

孙家栋也说:"是的,这次合作是第一次,可以说只是一个开端。今后,我们一定会创造更出色的成绩。"

他们的话音落下,又是一个热烈的拥抱。这个拥抱象征着中国火箭走向世界的一个良好开端,标志着中国的运载火

"亚洲一号"卫星发射成功后,孙家栋与外国友人举杯祝贺

箭正式进入了国际卫星发射服务市场。

之后,中方专门安排美方代表赴西安、上海,参观中国航天科研院所的有关技术设备和生产工艺设施。美国代表团一行看到中国航天现状后,都不禁发出赞叹。当年跟孙家栋在谈判桌边对垒的麦卡里斯特在参观现场对孙家栋说:"孙先生,您是我见过的最不同凡响的领导之一,听说您以前还是中国很有名气的导弹设计师?"

面对这样的夸奖,孙家栋谦逊地笑了笑:"麦卡里斯特先生,你过奖了。当年我从苏联刚完成学业回来的时候,我们国家缺少技术人员,因为我是学飞机设计的,多少也算具备了一点条件,所以,国家分配我搞火箭设计。后来,中国要发展卫星,我又服从国家安排,开始从事卫星设计制造。我走过的航天路也算是一种人生的职业机缘吧。"

每当美方代表谈到中国航天走过的历程,孙家栋总是

十二、运筹帷幄　发射外星

20世纪90年代，孙家栋与外方代表签署合作协议后亲切交谈

显得很激动："搞航天绝不是一个人能够办成的事，主要是靠发挥集体的智慧，依靠国家从各个方面给予的支持。按照当时国家的整体技术水平和经济实力，实际上并不具备搞航天的条件，但是，我们的老一代革命家确实有气魄。像毛泽东、周恩来、聂荣臻、张爱萍，他们都是伟人，弘扬'两弹一星'精神，鼓舞中国航天工作者的干劲，自力更生搞出了自己的导弹、火箭和卫星，大长中国人的志气。这是真正的中国特色！"

1990年7月16日，中国用新研制的"长征二号E"捆绑式运载火箭，把巴基斯坦的第一颗科学试验卫星准确送入预定轨道。

1992年8月14日，"长征二号E"捆绑式运载火箭在西昌卫星发射中心点火升空，将美国为澳大利亚制造的"澳普图斯"通信卫星，准确地送入了太空预定轨道。

2001年3月，孙家栋（前排左五）在北京钓鱼台国宾馆与美国代表团成员合影

20世纪90年代，孙家栋向外国来宾介绍中国卫星情况

十二、运筹帷幄　发射外星

巴基斯坦卫星在西昌卫星发射中心与火箭对接

之后，菲律宾通信卫星以及"亚太一号""亚太二号"通信卫星接连发射上天。中国还以一箭双星的方式，将美国制造的12颗"铱系统"移动通信卫星和其他卫星送入太空预定轨道。截止到2019年底，中国共完成48次国际商业卫

1993年2月，孙家栋与美国驻华大使芮效俭分别代表本国政府，签署《关于卫星技术安全的协议备忘录》。站立者右四为国防科工委副主任沈荣骏，右三为航空航天工业部副部长王礼恒。

149

1993年2月,孙家栋与美国驻华大使芮效俭分别代表本国政府,签署《关于卫星技术安全的协议备忘录》

星发射任务,为29个国家和地区发射了56颗国际商业卫星。

为了适应改革开放的需要,由航空航天工业部改制的中国航天工业总公司,根据党中央《关于建立社会主义市场经济体制若干问题的决定》,提出了"发展航天,加强民品,

1995年,孙家栋(第二排右四)率团在美国考察卫星制造技术,前排左三为本书作者王建蒙

十二、运筹帷幄　发射外星

提高效益，走向世界"的总方针。

中国社会稳定，经济快速增长，促进了航天事业的快速发展。中国在短期内，就接待了几百个外国宇航代表团，数以千计的外宾和港澳台胞参观了中国航天研制设施，以及西昌、酒泉和太原3个卫星发射中心，增进了相互了解，使原来完全封闭的航天系统逐步有序开放，实现了与国际航天领

孙家栋（前排左五）在美国观看大型卫星天线展开试验，前排右四为本书作者王建蒙

2007年6月1日，"长征"系列运载火箭第100次发射暨"鑫诺三号"通信卫星发射指挥控制中心现场

151

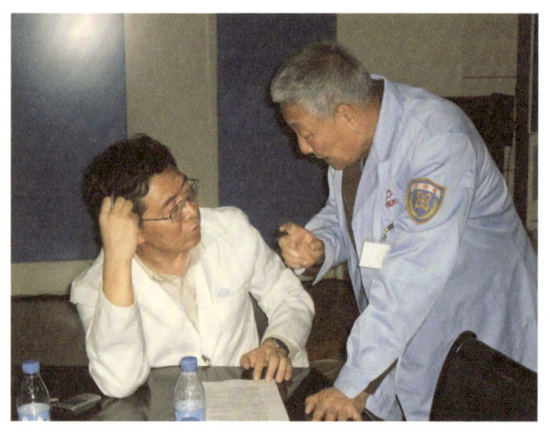

2007年6月1日,"鑫诺三号"通信卫星发射前,孙家栋与中国空间技术研究院卫星通信事业部部长周志成交谈

"长征"系列运载火箭第100次发射成功后,孙家栋在发射场指挥控制中心

"鑫诺三号"卫星发射成功后,孙家栋在发射场指挥控制中心

域以及航天市场的正常接轨。

2007年5月14日,"长征三号乙"运载火箭成功地将尼日利亚"通信卫星一号"送入太空。

十二、运筹帷幄 发射外星

孙家栋（左三）与张爱萍（左二）、王永志（左一）、王礼恒（右二）等人合影

在尼日利亚"通信卫星一号"发射的前一天，孙家栋刚刚从西昌卫星发射中心回到北京。当时，西昌卫星发射中心的发射任务异常繁重，等待上天的卫星几乎是排了队，孙家栋的行程也因此排得越来越密。

尼日利亚"通信卫星一号"的成功发射，使日夜操劳的孙家栋显得尤其兴奋。这是因为，这颗卫星的成功发射，对于中国对外航天发射业务具有里程碑意义。记得1986年，中国政府宣布将"长征"系列运载火箭投放国际市场、承揽对外发射服务之后，张爱萍老将军说过这样的话："目前，中国的航天工业还是瘸子走路，一条腿长，一条腿短，那就是火箭的腿长，卫星的腿短。也就是说，我们的火箭已经达

153

2000年5月，孙家栋在新加坡为华侨、华人介绍中国航天成就期间，与本书作者王建蒙合影

到了国际水平，可以参加国际航天发射的公平竞争，而我们的卫星水平还是落后了一步。要想在国际竞争中获得主动权，就要使自己的卫星水平尽快与国际接轨。我们一定要加快自己卫星发展的步伐。等到我们的卫星技术赶上了国际水平那一天，就不用再要求别的

2007年5月14日，尼日利亚"通信卫星一号"点火升空

十二、运筹帷幄　发射外星

国家给我们发什么许可证了。到那个时候，我们就可以扬眉吐气地用我们自己的火箭为国外发射我们自己制造的卫星！"

而今天，这一理想终于变成了现实。中国空间技术研究院为尼日利亚研制的"通信卫星一号"发射成功，这是中国第一次向国际提供卫星、火箭的整星商业航天服务。这次成功不仅促进了中国商业航天发射服务市场的拓展，同时也是中国和平利用外层空间、实现造福人类一贯宗旨的具体体现。

2011年3月24日，在中俄航天集邮文化周开幕式上，孙家栋与俄罗斯航天员互赠纪念品

孙家栋内心在想："此刻，如果九泉之下的张爱萍老将军能够听到这一喜讯，他的在天之灵也一定会为人民共和国取得的新成就而感到欣慰。"

十三、深空探测　牵手嫦娥

中国古时候把月亮称为月宫，流传着嫦娥奔月、吴刚捧出桂花酒的神话和传说，这些都表达了千百年来中国人对地球以外空间的向往。地球上的人类仰望天空，憧憬月亮，浮想联翩，一直幻想着能生出一对翅膀，飞啊飞，一直飞向月球，到那里去探寻月宫的奥秘。

在中国航天发展的历程中，自第一颗卫星"东方红一号"还在研制时起，已经酝酿后续的卫星发展计划。"东方红一号"发射成功后，紧接着就发射了"实践一号"卫星，而后是返回式遥感卫星、科学探测卫星、通信卫星、气象卫星和载人航天工程等。这些卫星和载人航天工程按照规划都逐项大功告成，取得了一个又一个重大成果，积累了非常有价值的丰富经验。

早在1994年，中国有关部门就组织相关专家对开展月球探测的必要性和可行性进行过初步分析与论证。但是，当时由于受国家航天技术条件的限制，月球探测方案无法最终完善，探月计划也无法启动。

1995年，中国科学院地球化学研究所、空间科学与应用研究中心和中国空间技术研究院的欧阳自远、叶自立、陈康文、褚桂柏、林文祝等专家，经过一年的研究，编制出

十三、深空探测　牵手嫦娥

一个较完整的月球探测可行性报告。

当报告呈送给孙家栋后，孙家栋感到中国开展月球探测的时机来到了。对月球进行研究和探测，是航天领域以及相关科技领域专家们多年的期盼，也是孙家栋一直以来的愿望。

历史的车轮刚刚迈入21世纪，时任国防科工委副主任兼国家航天局局长栾恩杰就频繁地去找孙家栋。一天，栾恩杰又一次来到孙家栋的办公室："孙老总啊，我非常了解你的谋略、思维和丰富的经验，多次登门跟你商谈开展对月球研究的计划，是因为我相信你

孙家栋与欧阳自远一同检查探月工程设备研制落实情况（李刚摄）

2006年5月17日，孙家栋在中国科学院云南天文台检查地面射电天文跟踪系统，左一为欧阳自远（李刚摄）

159

也同样对这个工程有极大的兴趣。凭你对中国航天事业的钟情和在航天界的影响力，若能由你挑头主抓技术实施方案，肯定能开好中国探月工程的头。"

孙家栋听完栾恩杰的这番话，不由得笑了："老栾啊，你可真是太抬举我了，这本来就是我应该做的事情嘛。"

孙家栋眼里充满了激情："我们干了一辈子航天，推动航天事业发展是我们共同的愿望，也是我们这辈子对航天事业不遗余力的追求。我认为，探月工程要首先搞清楚需求牵引关系，在这个原则下，组织一些相关专业人员开个会，将工程实施方面的大思路定下来，就可以制定技术方案和工程计划了。"

"太好了，孙老总，我跟你的想法是不谋而合呀！"栾恩杰说完，兴奋得直拍手，"孙老总，我还想给你推荐对月球情有独钟的欧阳自远。他是中国科学院地球化学研究所的研究员，现在还担任中国科学院国家天文台高级顾问，是一位几十年来对月球资源应用有着极大兴趣的中国科学院院士，更是一个很好的合作伙伴，也是一个很有情怀、很有激情的人。我们找个时间跟他谈谈，请欧阳自远院士一起来谋划这件事情怎么样？"

孙家栋一听，也来了情绪，他站了起来："好，打个电话问问，要是他有空，咱们现在就可以去。在咱们的有生之年再努一把力，争取为中国航天事业再出力做点事情。"

探月工程就这样拉开了帷幕。说干就干，认定的事情就要从理论上证实、从计划上完善、从方案上落实。

十三、深空探测　牵手嫦娥

2000年11月22日，中国政府公布了《中国的航天》白皮书。

白皮书在论述中国航天未来发展目标时明确指出，中国将"开展以月球探测为主的深空探测的预先研究"，由此，向世界宣告了中国探测深空的进军令。

探月工程总设计师孙家栋与总指挥栾恩杰在绕月探测工程会议上

2000年1月，孙家栋在海南文昌与其他航天专家一起，调研海南发射场选址情况

对航天总体工程具有丰富经验的孙家栋，明确提出了自己的观点："对于进军月球这样航天工程大项目的实施，首先要获得国家的立项批准。在立项之前，还必须明确工程的目标、实现途径、需求牵引、技术经济可行性结论、中长期目标的连续性等原则问题。工程起步要先立足于满足工程的基本条件，在此基础上，再由简到繁，分步实现工程应用的发展目标。"

依照孙家栋描绘的蓝图，探月工程庞大而繁杂的头绪即刻变得清晰起来。孙家栋、栾恩杰、欧阳自远三人分头组织专家，按照统一的思路开展专门论证，完成了技术经济可行性研究报告编制等探月工程立项所需的前期实质性工作。

2000年，国防科工委有关领导找到孙家栋，对他说了这样一段话："孙院士，我们知道，组织全国各方面力量，

2005年1月，孙家栋等人在海南参加航天工程技术评审会。左起：王礼恒、孙家栋、沈荣骏、王永志、张建启。

开展中国月球探测工程,是一项复杂的系统工程。您作为工程的总设计师,肩上的担子会非常沉重。我们希望您注意身体,因为制定探月工程的技术方案和实施路线全都压在您的身上。"

面对同志们的关心,孙家栋笑了笑:"谢谢你们,放心吧,老骥伏枥,志在千里,烈士暮年,壮心不已。我今年71岁,为中国航天发展贡献力量还正当年呢。"

孙家栋的爽朗和幽默,引发了大家一阵阵开心的笑声。

2003年9月,国防科工委向中央专委专题汇报了《开展中国月球探测工程具体思路》。2004年1月23日,也就是农历大年初二,国务院正式批准绕月探测工程立项,将中国第一个月球探测工程命名为"嫦娥一号工程",绕月探测工程由此正式启动实施。

国务院的批示指出:"月球探测工程是一项复杂的多学

孙家栋在中国空间技术研究院探月工程会议上

科高技术集成的系统工程,要统筹规划,合理确定科学和工程目标,要充分调动和整合各方面的科研资源,加大重大关键技术的攻关力度。各部门要精心组织、团结协作,高标准、高质量、高效率地完成绕月探测工程任务。"

自古以来就称"人生七十古来稀",而古稀之年的孙家

孙家栋(左一)在探月工程研制现场。左二为探月工程副总设计师陈炳忠

2002年7月,孙家栋在探月工程方案论证会上

十三、深空探测　牵手嫦娥

栋则以"烈士暮年，壮心不已"来表达自己对中国航天事业的激情。孙家栋的激情展现了他的内心世界，从内心焕发出来的激情使他具有乐观而积极的行为，这种激情就是对航天事业的钟情，就是对人民共和国的热爱之情。

2004年10月，孙家栋在西昌卫星发射中心与"风云二号"气象卫星总设计师李卿交换意见

探月工程是中国第一次对地球以外的星体进行探测研究。它的实施不仅可以填补中国在月球及行星探测方面的空白，而且对中国航天进一步与国际接轨，缩短与世界航天强国差距来说，是一个实质性的举措。

自从2005年10月"神舟六号"载人飞船任务获得圆满成功之后，人们对中国探月工程的关注与日俱增。尤其是中国月球探测工程分三步走，"嫦娥一号"卫星计划于2007年实施发射的目标在媒体公布后，孙家栋肩上的担子愈发沉重起来。

中国的探月工程，比美国和俄罗斯晚了40多年，在实施战略上如何不落伍、如何突出中国航天特色，是重点考虑的问题。中国确定的探月工程战略路线是，按照"绕""落""回"三步走的原则实施。

一期工程为"绕"。在2007年发射月球探测卫星。卫星进入近月轨道后围绕月球飞行，把从月球获取的遥测数据传回地面进行分析研究。

165

二期工程为"落"。在 2012 年前后发射月球软着陆器，同时携带一辆月球车，实施首次月球软着陆，并对月球表面进行巡视勘测。

三期工程为"回"。在 2019 年年底前后实施"嫦娥五号"任务。这也是我国探月工程"绕""落""回"三步走战略的最后一步。"嫦娥五号"发射入轨后，在月面选定的区域着陆，进行月球表面取样和钻探取样。按预定计划完成各项任务后，"嫦娥五号"携带采回的月壤样品离开月球，经各种变轨，重新进入环绕地球轨道，将月壤样品送回地球，为我国技术人员提供充足的月球物品开展科学研究。

探月工程运筹于科学殿堂，决策于党和国家。国务院按照上报的探月工程实施方案，批复了 4 项实施原则。

第一，要服从并服务于科教兴国战略和可持续发展战略，以满足科学、技术、政治、经济和社会发展的综合需求为目的，把推进科学技术进步的需求放在首位，力求发挥更大的作用。

第二，月球探测具有大型科学探索活动的显著特点，高投入、高风险、高收益。工程要根据国情国力，贯彻"有所为、有所不为"的方针，选择有限目标，突出重点，集中力量，在关键领域取得突破，循序渐进，持续发展，为深空探测活动奠定坚实的基础。

第三，中国的月球探测工程虽然起步晚，可以利用已有的国外探测成果，借鉴国外月球探测工程的经验和教训，但起点要高，要优选探测目标，优化技术实施途径，做一些别

十三、深空探测 牵手嫦娥

人尚未做过的事，有一定的先进性和创新性，在填补中国月球探测空白过程中，形成自己的特色，为国际月球探测作出应有贡献。

第四，要在独立自主、自主创新的基础上，大力开展国际交流与合作。月球探测具有开展国际交流与合作的有利环境和条件，要积极探索多层次、多渠道的国际交流与合作，从学术交流、共同研究到合作研制，逐步扩大合作规模，提高合作层次，以较少的投资，争取更多的成果，并实现技术上的飞跃。

具有划时代意义的探月工程全面启动，中国的奔月挑战向前、向前、向前。

孙家栋内心非常明白："有困难，但要克服困难；有风险，但要规避风险。只有顶着压力向前冲，才能实现中国人奔月、绕月、落月和从月球上回到地球家园的愿望！"

多年来，孙家栋在日常生活中养成一个习惯，那就是脑子里只要装上了问题，便会感到茶无味、饭不香，甚至会终日沉默寡言、苦思冥想。

一天半夜，孙家栋的老伴儿魏素萍一觉醒来，突然发现老头没在床上，细听旁边的书房和卫生间里也没有一丝动静，吓得她不由大叫："家

2004年10月，孙家栋在西昌卫星发射中心

2006年5月11日，孙家栋检查为探月工程配套的大型天线调试状态（李刚摄）

孙家栋在西昌卫星发射中心听取发射工作汇报

栋！家栋！家……"还没等魏素萍喊完，阳台上传出了孙家栋的声音："好好睡你的觉，别一惊一乍、大惊小怪的。我在阳台上站着呢。"

原来，睡醒一觉的孙家栋看着从窗帘缝儿透过的那缕明亮的月光，脑子里浮现出白天思考的问题，顿时睡意全无，干脆爬起来蹑手蹑脚地来到阳台。夜深人静，万籁俱寂，繁星满天。孙家栋盯着挂在空中的那轮明月，随着月亮在空中一点点移动，他仿佛看出了月亮蓝白影像中的名堂。此时,他在举头望明月,内心出思路。

魏素萍披上衣服,疑惑地来到阳台,看到孙家栋盯着月亮的那个专注劲儿,忍不住唠叨着抱怨:"哎哟,老头子,这半夜三更的,你也不披件衣服,这么静静地站在阳台上,不是吓唬人吗?睡到半夜,人不见了,你说这是咋回事儿嘛。"

魏素萍虽然不知道孙家栋在阳台上看什么,但知道他心里一定在琢磨什么重要的事情,所以,嘴上絮叨,还是回屋里拿来一件外衣披在孙家栋身上,还顺手拖过来一把椅子说:"慢慢看吧,看够了赶快回屋睡觉。"她明白,这是孙家栋的习惯。勤于思考的孙家栋要是心里装进重要的事情,总要黑白颠倒地折腾好几天;一旦把问题想清楚、整明白了,就不再折腾,能闷头大睡好几天。

时间一天天飞逝,探月工程五大系统的研制工作按计划稳步推进。

发射"嫦娥一号"探月卫星的发射场确定在西昌卫星发射中心。这个卫星发射中心自1984年1月29日第一次发射卫星后,已经完成了几十次地球同步轨道卫星的发射任务,是中国专门用于发射地球同步轨道卫星的发射场。但为了发射探月卫星的火箭,西昌卫星发射中心对原有发射设施进行了彻底的适应性改造。2006年年底,发射场系统宣告发射塔架安装完毕,所有改造工作已经全部保质保量地通过测试验收。

在发射探月卫星之前,中国的航天测量控制系统从来

在西昌卫星发射中心发射塔架上,孙家栋听取"长征三号甲"系列火箭副总设计师姜杰(中)介绍火箭情况

为探月工程配套的位于云南昆明的大型地面射电天文跟踪系统

没有触碰过7万公里以外的星体。而这次,月亮与地球的最近距离也大于38万公里。由中国卫星测控网和天文测量系统联合承担探月卫星的测控任务,地面应用系统立足中国现有测控设施,通过适应性改造,完成了月球探测工程各个轨道段的遥测、遥控及测轨任务。

"嫦娥一号"卫星不仅需要对月球进行全天候的观测,还需要确保太阳能电池板始终对准太阳,同时又要把传送天线对准地球。当时,中国在上海佘山和新疆乌鲁木齐分别拥有一个直径25米的天线。

为了保证"嫦娥一号"计划顺利实施,中国又分别在北京和昆明建设一个直径 50 米(当时国内最大)及一个直径 40 米的天线。在"嫦娥一号"卫星经过中国上空时,用 4 个天线交叉工作,对 40 万公里以外的"嫦娥一号"进行测控。这样,可以对意外因素和外界干扰留有一定的应急储备。

根据月球与地球、与太阳相对关系的固有特点,"嫦娥一号"卫星与一般的人造卫星有很大不同。研制并发射月球探测卫星,要解决轨道设计,制导、导航与控制,以及对月姿态、测控与数据传输、星上热控和电源分系统设计等关键技术难题。这些问题都在要求的时间内高质量地得到了解决。

地面应用系统的主要任务是,于卫星在轨运行期间进行科学探测的业务管理、数据接收与处理。这些任务由月球探测卫星运行管理中心、数据接收中心以及科学数据处理和研

孙家栋在研制现场检查探月卫星星上仪器调试情况(李刚摄)

究中心3个机构承担。按照总体技术要求,这3个机构的工程建设、设备研制以及各项准备工作也都在稳步进行。

美国、欧洲航天局、俄罗斯和日本等在以前的探月过程中,从未使用过可以全天候、全天时工作并具有一定穿透能力的微波遥感技术,而中国的"嫦娥一号"则使用了微波探测仪。这是世界上首次在探月卫星上装载微波遥感装置,一旦成功应用,将可以实现对月面更为细致深入的探测,并将对发回的数据进行反演和解析。不过,由于月球远离地球,对月球进行微波遥感探测有很大的技术难度和一定的风险。为确保探测成功并稳定地发回数据,专家们制定了相应的可靠性方案,加强对月球微波遥感的地面仿真研究,在借鉴以往经验的基础上进行技术改进,以保证成功。

"嫦娥一号"发射时间的选择,必须考虑到光照、太阳入射角、测控条件和轨道限制等因素。发射后,卫星将用8—9天时间完成调相轨道段、地月转移轨道段和环月轨道段飞行。在这些环节里,如何将探测数据传回地面,是工程的技术难题。通俗讲,这项工程有三大目标,即"到得了""转得起"和"传得到"。

要实现探月工程的技术领先,就必须有所创新。在科学研究的征程上,每一个微小的

探月卫星升空前,孙家栋与本书作者王建蒙在月球仪前(马京生摄)

创新都有可能带来连锁性的技术难点。孙家栋组织技术人员反复分析论证，坚定地按照中国航天事业发展的步伐向国际航天新时代迈进。

越是临近卫星发射，孙家栋的大脑就越是紧张。前面的工作范围遍布、千头万绪，而最后千钧一发的时刻则将问题集中在一起，此时的问题恰恰都是焦点性的问题。孙家栋提出："最后的骨头虽然硬，但我们这支队伍练就的本事就是专门对付硬骨头的，我们一定能够把最后的硬骨头啃下来！"

十四、疾驰奔月　月宫迢迢

2007年10月24日是"嫦娥一号"探月卫星奔月的发射日。连日的阴雨迟迟不肯散去，大凉山群山环抱的卫星发射场上空依然乌云密布。火箭对气象条件的要求牵动着孙家栋的心，能不能按时发射不免让他忧心忡忡。午后，老天爷似乎意识到这一天这里将要隆重欢送嫦娥去奔月，笼罩在发射场上空黑沉沉的云雾开始逐渐变淡。在即将向火箭加注危险性极高的液氢燃料时，一阵轻风由东向西从发射场袅袅飘过，蓝天的缝隙愈来愈宽。随着发射时间的临近，夕阳普照下的发射场上空一片晴朗。孙家栋喜出望外，脸上绽满笑容。

2007年9月11日，孙家栋等绕月探测工程的总设计师、总指挥到西昌卫星发射中心检查工作（潘越荣摄）

十四、疾驰奔月　月宫迢迢

"嫦娥一号"卫星发射前夕，孙家栋、栾恩杰（右）与发射场区指挥长李尚福（中）在发射塔架前合影

然而，发射前夕，类似于气象变幻这些意想不到的情况仍然会突然冒出。近在发射场的火箭、卫星、发射设施，远在宜宾、贵阳、厦门一直延伸至太平洋上的"远望号"航天测量船，都在静候火箭飞临，捕捉获取数据。探月工程五大系统各个岗位的人员，有条不紊地按预定程序进行着各项发射前的准备工作。中国第一颗探月卫星按照预定计划，进入发射倒计时。

"一小时准备！"

指挥控制大厅的扬声器里传来发射调度指挥员的口令。孙家栋表情沉稳地坐在指控大厅的座位上，与昔日的"长征三号甲"系列火箭总设计师、时任探月工程副总设计师、中国工程院院士龙乐豪，侧着身子亲切交谈。从他们从容的表情可以看出，他们早已胸有成竹。这时，指挥调度台传来

177

孙家栋与龙乐豪在评审会上交换意见

孙家栋与龙乐豪在一起

"五分钟准备"的号令。指挥控制大厅所有的人都不约而同将视线集中到大屏幕的运载火箭上。群山环抱中的航天发射塔巍峨壮观,坐落在发射台上的"长征三号甲"运载火箭岿然屹立。火箭在这段时间有几个非常关键的动作,液氧、液氢加注排泄连接器以及若干电信号、供气管路连接器将要实施脱落。所有的监控镜头都对准了这些关键部位。

"一分钟准备!"

正常脱落后的供电连接器从火箭和卫星外壁脱落下来的一瞬间,发射塔架伸出来的长长摆杆带着供电连接器插头徐徐摆向火箭后侧。庞大的火箭托举着卫星,即将从这里告别地球。

"5、4、3、2、1。"

18时5分4秒,发射调度指挥员下达了"点火"口令。"长征三号甲"运载火箭喷射出巨大的烈焰,在震耳欲聋的轰鸣声中腾空而起、直刺苍穹。"嫦娥一号"探月卫星开始了奔月征程。

18时29分,安静的指挥控制大厅传出"星箭分离!""卫星入轨!"的喜讯。北京航天飞行控制中心传来的数据表明,火箭已经准确地将"嫦娥一号"探月卫星送入近地点205公里、远地点50930公里、轨道倾角31度的超地球同步轨道。

孙家栋与大家一起激动地起立鼓掌,他紧紧盯着大屏幕上的火箭飞行曲线,思维已经飞向卫星的飞行轨迹。

2007年10月24日,"嫦娥一号"卫星点火起飞

2007年10月24日,"嫦娥一号"卫星升空

2011年7月6日,在北京举行的重型运载火箭总体方案评价会上,孙家栋与龙乐豪认真研究方案评价指标体系

2007年10月24日,孙家栋在西昌卫星发射中心与其他专家们等待"嫦娥一号"卫星数据信息

  第二天清晨,孙家栋乘专机从西昌赶回北京。在这之后的一个多月时间里,他每天早出晚归,待在位于北京城北航天城的航天飞行控制中心。遇到"嫦娥一号"卫星运行的关键节点,他常常昼夜守候在航天城。孙家栋坐在数据显示室

里，时刻凝望着"嫦娥一号"卫星运行的数据图，大脑紧紧随着"嫦娥一号"卫星的运行轨迹思考，心情也随着显示屏上跳动的"嫦娥一号"卫星前进数据起伏。

"嫦娥一号"卫星发射升空后经过长途跋涉，在地面技术人员的精确指挥控制下，先后经过1次远地点加速和3次近地点加速，共绕地球飞行7圈，逐步将轨道由近地点高度205公里、远地点高度5.09万公里，调整到近地点高度约600公里、远地点高度约40.5万公里的地月转移轨道。卫星的飞行速度也由星箭分离时的每秒10.33公里，提高到地月转移轨道所需的每秒10.58公里。

10月31日17时28分，卫星按预定的时间、位置、速度进入地月转移轨道。"嫦娥一号"卫星奔月成功，标志着千百年来嫦娥奔月的传说成为现实。

在"嫦娥一号"卫星开始实施环绕月球飞行之时，新华社记者就中国绕月探测工程有哪些创新点和新跨越，专题采访了孙家栋。

孙家栋认为，航天工程的创新点与基础科学的不完全相像。按照他的理解，是在过去已取得成果的基础上，进行合理的组织、安排，加上必要的关键技术，使得一个完整的工程，用比较低的代价、比较短的时间、可靠的质量、当时最高的科技水平，完成制定的工程目标和科学目标，这就是创新点。如果说实现跨越的话，那是由近到远的一个循序渐进的过程。中国航天事业虽然有几十年的经验，但都是近地飞行的经验。像这次飞行这么远，中间又有这么多复杂的问题，终究是第一次，这就需要经过实践来验证我们的方案和设计。比如说轨道设计、轨道换算，不仅要考虑地球对星体运动的影响，还要考虑月球的影响，每个环节都非常复杂。人类对宇宙的探索是无止境的。航天事业发展到一定阶段，必然会提出探测深空的需求，探测的起点通常从月球开始，尽管还只是去认知，却是很重要的。以月球探测为起点的深空探测会给人类、给中国航天事业、给后续的航天理论研究，开创认识世界、认识宇宙的条件。任何航天工程，都是互相联系、有共性的，只不过每个工程都有自己的具体目标。这次绕月探测工程的成功，表明中国航天有能力到达月球。

2007年11月7日8时34分，地面指挥人员对"嫦娥一号"卫星成功实施了第三次近月制动。"嫦娥一号"卫星带着中国人的奔月梦想，顺利进入经过月球南北两极、周期为127分钟的圆轨道。这之前的3次制动，将"嫦娥一号"卫星从近月点高度212公里、远月点高度8617公里的椭圆轨道，调整为高度为200公里的预定圆轨道。至此，"嫦娥一号"卫星自成功发射以来，经过326小时的飞行，顺利实施了4次加速、1次中途轨道修正、3次近月制动共8次变轨，总飞行距离约180万公里，成功进入环月工作轨道。

在这一刻，为了实现这个梦想不辞辛劳的探月总设计师孙家栋，情不自禁地与总指挥栾恩杰、应用系统首席科学家欧阳自远紧紧地拥抱在一起！全场人员看到鬓发斑白的探月工程三巨头拥抱在一起的激动场面，每个人都不禁流出了兴奋和感动的泪水。

十四、疾驰奔月　月宫迢迢

探月卫星发射前,孙家栋与探月工程总指挥栾恩杰(左)、应用系统首席科学家欧阳自远,在西昌卫星发射中心发射塔架前合影

2010年10月,孙家栋在西昌卫星发射中心,与栾恩杰(右)、欧阳自远合影

孙家栋自豪地说:"我们坚持的自主创新思想,在探月工程中起到了非常关键的决定性作用。'嫦娥一号'卫星发射前,我们预定了四大目标:第一是在西昌卫星发射场准时

探月卫星发射成功后，孙家栋（左二）与沈荣骏（右二）、胡世祥（右一）、栾恩杰合影

发射，第二是发射成功后实现准确入轨，第三是完成高标准的精密测量控制，第四是确保'嫦娥一号'卫星高难度地绕月。到此刻为止，这四个目标都圆满实现了。"

栾恩杰说："中国探月工程可以说画了一个完美的惊叹号。虽然工程还没有完全完成，但这个惊叹号画得精彩。现在，"嫦娥一号"卫星入轨的精度非常高，完全被月球捕获，中国人首次探月获得了辉煌的成就。"

欧阳自远也说："今天的结果表明，当初制订嫦娥奔月'绕''落''回'三步走的实施计划是正确的。中国实施探月工程虽然比苏联和美国晚了40多年，但经过不懈努力，实现了高起点、有创新、有中国特色的中国式探月工程目标。"

中国探月工程首战告捷的消息顿时传向全球，在国际上引起强烈反响。中国继美国、俄罗斯、欧洲和日本之后，进行月球探测。

当北京航天飞行控制中心的扬声器里传出"嫦娥一号"卫星成功实现绕月飞行的消息,大家全都从座位上站起来欢呼跳跃、拥抱握手时,全国的电视观众在电视屏幕上看到一个被摄影师抢拍到的镜头:孙家栋悄悄走到一个僻静的角落,静静地背过身子,掏出手绢偷偷擦眼泪。这个镜头令许多人感动。一个年近八旬的老人、一个为中国航天事业奋斗了近60年的科学家,在大家喜悦之时,却躲在僻静处偷偷抹眼泪,这是何等的令人感动!孙家栋不到极致喜悦和极端难忍之时,是不会轻易掉泪的。那既是喜悦的泪水,也是昔日艰辛获得成功的泪水。孙家栋在航天发射试验中遇到了那么多艰难险阻,都未曾掉过眼泪。此时可谓是苦与甜交加的激动的泪水,也足以说明中国实施探月工程的艰难。

中国探月工程获得圆满成功后,记者采访孙家栋。在让孙家栋回答了地球、月球、航天等有关问题后,这位记者

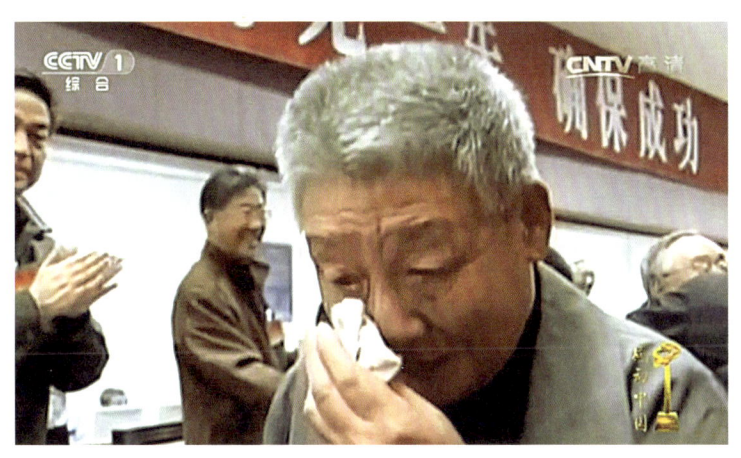

探月卫星发射成功后,孙家栋在僻静处偷偷擦眼泪

探月工程取得阶段性成果，原国防科工委主任丁衡高上将（左二）、原国防科工委科技委副主任聂力中将（右二），对本书作者王建蒙（右一）及其夫人马京生说："请转达我们的热烈祝贺。"

突然像脑筋急转弯似的，话锋一转，向孙家栋提出了一个新问题。

他问道："孙总，假设我们实现了载人登月，航天员又可以把一件属于您自己的东西带到月球上作为永久纪念，您将会让他们带什么去？"

记者为自己"高明"的提问而得意。提完这个问题后，他的脑子里飞速闪现着各种猜想：是一张有珍藏价值的家人照片？是一张有意义的设计草图？是一枚令孙家栋自豪的大学时代的奖章？还是一片叶子、一粒种子？记者满怀期待地望着孙家栋，等待着这位科学家的回答。

结果，孙家栋的答案完全出乎记者的预料。

孙家栋说："我是这样看的：假设将来真的有我们中国人登上月球那一天，每一克重量都是非常宝贵的。我相信，我不会带自己希望的东西，肯定要根据我们国家整个事业的要求,带更重要的东西。我们的'嫦娥一号'卫星本身重量2350公斤,其中贮存的推进剂1200公斤。要把这么大的飞行器送到月球,付出的代价相当大。你可以想一想,载人登月每一克的价值都很大,因为每一克都会非常有意义,我们绝对会精打细算。你问我自己想带什么上月球,我真的没有想过,也绝对不敢设想。"

孙家栋多年来总是低调应对各方面对他的宣传,不论是说话还是办事,都像解决工程问题一样严谨认真,谈技术是这样,谈生活也是如此,就连轻松的开玩笑似乎也有严格的逻辑。记者听了孙家栋的回答不禁语塞,他对这位大系统工程的总设计师有了新的印象。孙家栋脑子里装的全都是工程总体和国家的整体利益,根本就没有想过自己的得失,就连假设也"绝对不敢设想"。记者仍然不甘心,话题一转,指着面前的月球仪,像是开玩笑似的对孙家栋说:"既然您说上月球的每一克重量都很宝贵,不能随便带东西上去,那您希望以自己的名字命名月球上面的某个地形吗?这总归不占分量了吧?"

那个月球仪上,标着许多以科学家或者发现者名字命名的环形山。

孙家栋朴实地笑了笑:"我不敢想,也从来没想过。不过,自从参与探月工程,我现在每天晚上抬头看月亮,那感觉和从前比,好像是有点儿不一样了。"这番话,能使人们对孙家栋的内心世界有一些了解或感悟。记者则悟到了"无私"两个字对一位科学家的真正含义。

2007年11月,孙家栋在北京航天飞行控制中心接受央视记者采访

2007年11月,孙家栋做客央视,畅谈嫦娥奔月

十四、疾驰奔月　月宫迢迢

"嫦娥一号"卫星发射成功后,孙家栋与本书作者王建蒙在办公室的月球仪旁（马京生摄）

2007年是"嫦娥一号"卫星发射升空的关键一年,也是孙家栋最为繁忙的一年。为了中国的探月工程能够按计划顺利实施,大量的事情需要协调落实。他经常马不停蹄地从一个城市飞往另一个城市,有时一周内竟然能去三四个城市。在"嫦娥一号"卫星发射前夕,孙家栋更是忙得不亦乐乎。两周内,他几乎不停息地穿梭于北京—四川—北京—山西—北京—四川。下面,从他2007年的日程安排中列举出几天,便可看出他的繁忙与辛劳。

2007年9月11日,在西昌卫星发射中心召开探月工程总指挥、总设计师会议,听取"嫦娥一号"卫星与发射场准备工作情况汇报。

9月13日,在北京主持召开发射"嫦娥一号"卫星的运载火箭的出厂技术评审会。会上,孙家栋强调:"要把各项预案工作做好、做细,确保'嫦娥一号'卫星按时发射!"

189

孙家栋在研制现场检查探月卫星配套设备研制生产情况

9月16日,在太原卫星发射中心主持召开中国与巴西"资源一号"2B卫星发射前的总体技术评审会。

9月19日,在太原卫星发射中心参加指导"资源一号"2B卫星发射任务,发射获得圆满成功。

9月21日,在北京就"嫦娥一号"卫星所肩负任务等问题,接受香港凤凰卫视吴小莉的《小莉看世界》栏目专访。

9月25日,在西昌卫星发射中心主持召开"嫦娥一号"卫星发射前的技术评审会……

2007年这一年里,孙家栋10次进出发射场,在发射现场参加指导了5次卫星发射任务,主持并参加了近百个与航天有关的会议,空中飞人似的由北京飞了20多个地方。从9月初"嫦娥一号"卫星进入发射准备状态开始,一直到11月26日卫星传回第一张月面图片的近百天时间里,孙家栋

十四、疾驰奔月　月宫迢迢

"嫦娥一号"探月卫星发射成功后，孙家栋接受凤凰卫视记者吴小莉采访

　　几乎全身心地投入探月工程的实施中。卫星发射成功后调姿态、变轨道的一个多月里，孙家栋虽然人在北京，但在这关键时期，一直心系"嫦娥一号"，天天都坐镇在航天飞行控制中心，时刻关注着卫星每个动作的准确性。

　　老伴儿魏素萍曾心疼地说："他天天上了汽车赶飞机，下了飞机赶会议，那双脚始终停不下来。他不喜欢穿皮鞋，觉得布鞋软乎，所以总穿布鞋。其实，不是不喜欢穿皮鞋，而是他那双脚丫子太累。就说这布鞋，他咋那么费呢，我每年得给他买好几双。咱也不能说现在的布鞋不结实，主要还是他太费鞋。"

　　一个78岁的老人，为了中国的探月工程，一年要穿破好几双布鞋，这难道仅仅是几双布鞋吗？这正说明孙家栋走路走得多。他为了探月工程，走这么多路，怎能不让人心

191

疼、感动？一年几双布鞋踏出来的是中国航天的拼搏之路，反映出一个科学家脚踏实地为中国航天奋斗的砥砺前行。

"嫦娥一号"卫星发射成功后的2007年12月31日，孙家栋收到国防科工委月球探测工程中心转来的山东省青岛市宁安路小学全体师生写给他的信，以及小学生们精心制作的新年祝福贺卡。孙家栋做什么事情都认真，他欣然给学生们回了信："对学校老师和同学们关注'嫦娥一号'卫星的情况表示衷心的感谢。希望学校在特色的教学中鼓励同学们敢于奇思妙想。奇思妙想是创新的基础，这样才能培养出更多爱科学、爱航天的人才，促进祖国科技事业的发展。"

早在"嫦娥一号"卫星发射之前，宁安路小学就开展了一项"谢谢您们，我们敬佩的航天科学家！"捐款活动。学生们将家里的废品换成零用钱共计1250元捐给国家航天局，表达他们对航天工作者的敬佩。同时，全校少先队员和老师

2008年2月，山东青岛宁安路小学的同学们争相阅读孙家栋的回信

十四、疾驰奔月　月宫迢迢

2007年6月，山东青岛宁安路小学的同学们观看"嫦娥一号"卫星宣传展板

2007年6月，山东青岛宁安路小学的同学们阅读探月书籍

们送来全体签名的红领巾及学生们制作的"奥运五环承诺圈"，寄予探月工程衷心的祝福，希望"嫦娥工程"取得圆满成功，早日实现祖国的登月之梦。

2008年2月，宁安路小学在新春佳节之后的开学典礼上，提出要铭记孙家栋的厚望，在孙家栋回信激励下，开展"培养学科学、爱科学之风，迎科技奥运，做有志少年"，为祖国航天事业、为国家繁荣富强而学习的活动。2009年8月18日，情系青岛宁安路小学的孙家栋又向该校邮赠了《星系我心》一书。宁安路小学校长收到赠书后立即回复："全校老师和同学们衷心感谢孙老，这是开学之际最好的礼物。我们会在师生中传看，以学习老科学家为祖国航天事业奋斗的精神，教育孩子们了解祖国航天发展史，培养他们的爱国情感。同时，祝孙老身体健康。"

2018年12月8日凌晨2时，夜深人静的西昌卫星发射

山东青岛宁安路小学的学生们铭记孙家栋的厚望

中心火箭发射场坪,又一次迎来了灯光四射、亮如白昼的临战状态。整装待发的"长征三号乙"运载火箭,托举着代表当今领先技术的"嫦娥四号"月球探测器,在山峦映衬下更显巍峨。发射指挥人员按照发射程序,正在有条不紊地实施发射前的最后操作。

2时23分34秒367毫秒,"点火"口令在发射场再次下达,又是一次巨大的火箭轰鸣,"嫦娥四号"开启了探测月球的旅程。

"嫦娥四号"月球探测器经历地月转移、近月制动、环月飞行等一系列程序,在27天后,按计划着陆于月球背面预选着陆区。届时,通过已经在轨道上静候的"鹊桥"中继卫星,实现月球背面与地球的中继通信,并开展在月球背面的探测及行进巡视。"嫦娥四号"是世界上首个在月球背面软着陆并进行巡视探测的航天器。

十四、疾驰奔月　月宫迢迢

2010年11月，孙家栋在西昌卫星发射中心

2010年10月，孙家栋在西昌卫星发射中心指导发射"嫦娥二号"卫星

2018年3月,孙家栋与本书作者王建蒙亲切交谈

孙家栋听着震撼人心的火箭轰鸣声,看着视频上"嫦娥四号"飞天的画面,思绪一下子又飞回11年前中国探月工程起步的创业时光,又飞回发射场首次嫦娥奔月的现场。如今的成就今非昔比,探月卫星连发连捷的成功喜讯使孙家栋由衷地欣慰。

十五、北斗导航　造福千秋

自从人类起源开始,随着活动范围、行走距离的增加,人们对方向辨别、行走的动态位置和定位都日益渴求。导航系统与人们的生活密切相关,为人们提供在哪里(自身位置)、要去哪儿(目标位置)和怎么去(行径路线)的基本信息,是实现从起始点引导到目的地的技术应用和科学方法。卫星定位系统是一种使用卫星对物体进行准确定位的技术,可以实现为地球上任意一点、任何时刻提供高精度导航、定位、授时等功能。

早在20世纪90年代初,时任国防科工委副主任沈荣骏和孙家栋就针对当时严峻的国际形势,认识到国家发展卫星导航定位系统的重要性。他俩不谋而合,都认为它对国家安全具有重要意义,当时国家的航天技术水平可以支持启动这一重要空间基础设施。孙家栋与沈荣骏认真听取了主管部门卜庆君等人的汇报和建议后,敏锐地意识到,拥有自主知识产权、独立自主控制的卫星导航定位系统,对快速发展的中国非常重要。中国有了自己的卫星导航定位系统,价值和重要性是无法用普通数字来衡量的。中国幅员辽阔,全球也有需求,民用市场的经济价值和前景都非常看好,以军民融合为出发点,为广大百姓提供高质量便捷的导航定位服务具

十五、北斗导航 造福千秋

有重大意义。于是,沈荣骏与孙家栋联名致信党和国家领导人,阐明对国家发展卫星导航定位系统重要意义的分析以及实现方法和技术路径的建议。党和国家领导人对他们的建议给予高度重视和支持。

孙家栋与沈荣骏亲切交谈,后为本书作者王建蒙

鉴于当时中国航天基础技术水平的状况以及国际环境,沈荣骏与孙家栋的这一设想在学术界曾引起争议。但随着论证的深入,大家一致认为,开展大的工程项目,正是技术攻关、水平提高的好机会。争议的焦点也逐步明确。这些科学、民主的争论,实际上对北斗工程实施起到了积极作用。

中国的北斗卫星导航定位系统坚持"自主、开放、兼容、渐进"的建设和发展原则,由空间段、地面段和用户终端三部分组成。空间段包括5颗地球静止轨道卫星、27颗中圆地球轨道卫星、3颗倾斜地球同步轨道卫星。地面段包括主

199

控站、注入站和监测站等若干个地面操作控制站。用户终端由北斗用户终端，以及与美国的全球定位系统、俄罗斯的格洛纳斯系统、欧洲的伽利略系统等其他卫星导航定位系统兼容的终端组成。

1994年12月，孙家栋被任命为北斗导航试验卫星工程总设计师，北斗卫星导航定位系统的研制、建设工作全面启动。2000年，随着第一步计划的顺利完成，工程由第一步的试验阶段正式转入第二步的应用实施阶段。2004年3月，孙家栋被任命为北斗第二代导航卫星工程总设计师。他指出："全球卫星导航系统已成为经济社会不可或缺的空间信息基础设施，它将惠及人类生活和经济发展。"

战略上宏伟、超前，战术上细致、缜密。孙家栋从北斗工程一开始，就紧紧盯住卫星网络与用户终端市场同步协调、相互促进。在他的具体组织下，中国当时只用了短短5年时间，就将16颗卫星布在太空。仅2012年一年就连续实施4次发射，成功地将6颗北斗卫星布于太空，并正式开通亚太地区的区域性运营。

在北斗导航卫星工程建设期间，孙家栋始终按照国家科技重大专项的发展步骤，牢牢把握各系统间的协调性、前瞻性和科学性，在完成眼前每一项具体工作的同时，尽可能地为后续发展留下充分空间。他

孙家栋在卫星总装现场

十五、北斗导航　造福千秋

孙家栋在西昌卫星发射中心卫星测试厂房与中国科学院院士叶培建交谈

用以下三点来概括具有中国特色的北斗卫星导航定位系统。

第一点，发展这样一个大型工程，从它一起步就要确立三步走的发展战略规划，既要结合当时的实际情况，又要有一个长远的目标。

第二点，有一个非常重要的中间环节，那就是建设区域导航系统，这是我们一个非常大的特色。世界上有关国家和地区，美国也好，欧洲也好，俄罗斯也好，一开始就搞全球卫星导航定位系统。而我们要根据自己的具体特点来确定目标。

第三点，北斗系统有一个短报文通信功能，非常巧妙地把导航定位和信息传递这两个功能结合起来。执行任务过程中，定位者和指挥者之间变被动联系为主动联系，这个效果是非常好的。

针对北斗工程的发展，孙家栋指出："国家投入巨资，建起北斗导航卫星网络，现在向亚太地区，将来向全球发送免费信号、提供免费服务。而可望回收投资的终端接收设备市场如果被国外抢占了，那将是我们很大的失误。一定要想办法在未来的终端产品环节投入更多力量，要花大气力研究开发针对全球不同情况、不同状态的终端接收设备和产品。对这个问题，从工程一开始实施就应当给予高度重视。"

孙家栋非常关注卫星应用工作的开展。图为他在副总裁吴红举（右二）陪同下，在亚太卫星宽带通信（深圳）有限公司调研

北斗卫星每次发射都牵动着总设计师孙家栋的心。2000年10月31日，"长征三号甲"运载火箭将第一颗北斗导航试验卫星送入地球同步轨道。仅仅时隔50天，12月21日，第二颗北斗导航试验卫星也被"长征三号甲"运载火箭送入地球同步轨道。这标志着中国拥有了自主研制的第一代卫星

导航定位系统。这个系统投入使用，不仅可以满足国内的卫星导航定位需求，对中国经济建设起到积极推动作用；而且使中国成为继美国、俄罗斯之后，世界上第三个拥有自主卫星导航定位系统的国家。

2003年5月25日和2007年2月3日，第三颗、第四颗北斗导航试验卫星相继发射升空，作为第一代卫星导航轨道替补和备份。

2010年一年间，有5颗北斗导航卫星成功发射。

2011年的8个月里，又有3颗北斗导航卫星在太空安家落户。

2012年的8个月内，更是有6颗北斗导航卫星在太空开始为亚太地区造福。这8个月内4次发射中的两次，都采用一箭双星的发射方式，并且发发成功。

说起北斗卫星导航定位系统的建设历程，说到北斗导航

在西昌卫星发射中心发射塔架上，孙家栋听北斗工程卫星总设计师谢军（中）汇报卫星情况

孙家栋（左二）在西昌卫星发射中心卫星测试厂房，听取北斗二号卫星总指挥李长江（左一）汇报卫星情况

在西昌卫星发射中心卫星测试厂房，孙家栋与北斗工程副总设计师李祖洪（左一）、北斗二号卫星总指挥李长江（左二）、中国工程院院士范本尧（左三）、北斗工程卫星总设计师谢军（右一）交谈

卫星的发射，孙家栋如数家珍，满脸放光，一副兴高采烈、喜上眉梢的表情。

然而，每一次跨越重大节点的历程都有无数艰难险阻，每一次成功背后都有惊心动魄的历练。这一次次艰难险阻和

十五、北斗导航　造福千秋

2006年9月11日，孙家栋在山东航天电子技术研究所调研

惊心动魄的降临都难以预料，都不以人的意志为转移，不仅是对所有研制、试验人员的考验，更增添了孙家栋这位总设计师肩上的重担和责任。

2007年2月3日子夜，这个钟点正是人们酣然入梦的时间，但孙家栋肩上的北斗工程重任，已悄悄地将他身体的睡眠生物钟调整为兴奋状态。此时，坐落在发射台上的"长征三号甲"运载火箭、火箭顶端的第四颗北斗导航试验卫星以及一直延伸到太平洋的测量控制系统，全部进入发射前的紧张状态。孙家栋虽然精神兴奋，但他的心底却很沉稳，因为对火箭起飞前地面所有重要的技术状态检测结果和疑点，他都做到了心中有数。当然，发射火箭，不论是孙家栋，还是其他所有参加发射任务人员的内心都不可能轻松，科学试验总有人们因为经验不足、认识不到的偶然情况。

0时28分，火箭托举着卫星开始了奔向太空的飞行。

约24分钟后,星箭分离。西安卫星测控中心传来的数据表明,卫星准确进入预定轨道。这是中国航天在2007年的第一次卫星发射,也是"长征"系列运载火箭的第95次飞行。

但是,人们还未从发射成功的喜悦中平静下来,西安卫星测控中心技术人员分析测量数据发现,卫星入轨后不久,卫星上的太阳能帆板出现故障,造成卫星失去控制,消失在茫茫太空之中。此时,卫星所处太空环境的温度在零下100摄氏度左右。没有电能,卫星内部的加热设备不能正常工作,卫星内部不能维持必要的环境温度,卫星极有可能会被冻坏。失去动力的卫星能否经受住复杂而恶劣的太空环境考验?

孙家栋的神经一下子紧张起来,他立即召集科研人员分析研究,随即按照讨论形成的决策着手进行地面模拟试验。

科研人员计算推断,卫星按照目前的巡航状态,大约10天后能够使已经展开的太阳能帆板具有一定的太阳光入射角。若卫星能利用这点太阳光入射角获得一定能量,地面便有可能接收到卫星发来的非常有价值的遥测数据。这样,便可以根据实测数据模拟卫星在轨状态,准确制定卫星抢修和恢复方案。

时间在人们的焦急等待中一天天过去,奇迹在此时发生了!"远望号"测量船在严密监测中率先接收到卫星传来的遥测信号,接着,有关测控站也相继收到卫星的遥测数据。与人们捉迷藏似的消失了十几天的卫星,重新回到科研人员的掌控之中。此时正是农历除夕。孙家栋率领科研人员顾不得什么春节假期,很快就根据卫星的实测数据制定出抢修实施方案。航天研究所的科研人员与西安卫星测控中心的科技人员紧密配合:测控中心严密监测,及时提供技术数据;科研人员立即进行地面模拟验证、状态复查。科研人员很快发现,此时卫星所处轨道高度每天都在下降。他们迅速将这一情况向孙家栋作了汇报,他果断决定提前对卫星实施点火变轨。

西安卫星测控中心接到命令后,向卫星首次发出了发动机点火指令。卫星正确接收指令,准确完成变轨,成功进入新轨道,避免了坠入大气层的危险。

4月11日,经过航天科研人员与西安卫星测控中心60多天的联合奋战,攻克多项技术难关,第四颗北斗导航试验卫星的故障被排除。卫星运行状态良好,星上仪器工作正

2012年4月30日成功发射北斗卫星后,孙家栋在西昌卫星发射中心接受记者采访

2010年1月18日，孙家栋在办公室接受采访

2005年7月，孙家栋（右）与戚发轫在"神舟六号"载人飞船测试厂房亲切交谈

常，转入在轨长期管理。中国航天人又一次创造了奇迹！孙家栋疲惫的脸上又一次露出满意的笑容。

"北斗三号"工程于2009年正式启动后，按照最简系统、基本系统、全球系统三步实施组网，这是中国改革开放40多年来取得的重要成就之一。国家总体实力的提升和航天产业的快速发展，加速了北斗全球卫星导航定位系统的建设。自2007年4月14日第一颗北斗二代卫星发射升空，至2020年3月9日成功地将北斗系统第54颗导航卫星送入太空预定轨道，中国"长征"系

列运载火箭共完成 327 次发射,这是中国迈入世界航天大国行列的象征。

高密度、常态化的卫星发射,对航天科技人员的考验将更高、更严。孙家栋多次与翟志刚、聂海胜、刘洋等航天员

2003 年 10 月,在中国首次载人航天飞行圆满成功庆功会上,孙家栋与航天员杨利伟(后排中)、聂海胜(后排右)、翟志刚在一起

孙家栋与中国首位女航天员刘洋在一起

见面交谈，在赞赏他们的顽强与勇敢的同时，感慨道："中国实施载人航天工程之后，对整个航天系统的产品质量提高、协调合作等有着非常大的帮助，也对北斗工程建设起到非常大的作用。载人航天工程关系着航天员的生命安全，所以，对系统的可靠性要求非常高，进而带动了整个航天系统的产品质量提升。从这一点也可以看出，实施载人航天工程的意义是非常重大的。"

十六、惊心动魄　斗转星移

孙家栋担任中国北斗导航卫星工程总设计师以后,在西昌发射现场组织指挥了14次北斗卫星发射,每次发射至少要亲临西昌卫星发射现场两次。自发射第一颗北斗导航卫星开始,每到工程实施中大的节点,他都亲临现场。这期间,他前往西昌指挥、决策通信卫星、气象卫星、北斗导航卫星、探月卫星等数十颗卫星发射,空中飞人似的在空中穿梭飞行足足超过100次。如果西昌机场举办年龄最大、进出次数最多旅客评选活动,孙家栋绝对能被评为"冠军""榜首""第一名"!不过,要说第一名,孙家栋的第一名可就太多了。

2010年11月24日,孙家栋(左)在西昌卫星发射中心检查卫星工作

十六、惊心动魄 斗转星移

2010年11月24日，孙家栋在西昌卫星发射中心，与"北斗二号"导航卫星系统总设计师谢军交谈

2011年7月，孙家栋在西昌卫星发射中心

孙家栋频繁进入卫星发射中心，卫星发射让他与发射中心结下了深厚的感情。发射场的领导和技术人员认为，孙家栋既是总设计师，也是忘年交的朋友；既是专家，也是长辈。更重要的一点，孙家栋是当今中国航天界泰斗级的科学家，不论是年龄还是经验，绝对首屈一指。有他在发射现场

213

运载火箭在西昌卫星发射中心又一次点火起飞

坐镇,大家心里就感到踏实。

2011年7月27日,按计划执行第九颗北斗导航卫星发射任务。凌晨4时,距离预定发射时间不足两小时,火箭"肚子"里加满了推进剂,已经进入不可逆转的倒计时程序。而此时,发射场漆黑的夜空乌云低沉,伴随着闪电袭来的滚滚雷声,一阵阵划过发射场上空,滂沱大雨从黑压压的空中向发射场倾泻。孙家栋与时任西昌卫星发射中心主任李尚福将军,在发射指挥控制室紧张地等候"老天爷"出现转机。李尚福是西昌卫星发射中心最高领导,孙家栋熟悉他、了解他的决策指挥能力。西昌地区极为复杂的气象条件,尤其是雷雨季节的恶劣天气严重制约着航天发射,而2011年计划的7次发射却回避不了这个季节。发射倒计时的时钟一分一秒在递减。火箭、卫星、航区测量控制站以及远在太平洋上的航天测量船,都已进入发射程序。

十六、惊心动魄　斗转星移

天上是雷声和暴雨！

倒计时在递减！

发射窗口在缩小！

不可逆转，也无法回避！

孙家栋坐镇西昌卫星发射中心，面对航天发射的技术状态与千变万化的气象条件。这既是一种历史的考验，又是一副现实的重任。他与李尚福的眼神对视的那一瞬间，却有着倍增的互相鼓舞。

李尚福对于空中电闪雷鸣，火箭发射已不可逆转，万一遭遇不幸将星箭俱损、满盘皆输的后果十分清楚，但他心中确保国家利益的责任感是坚定不移的。孙家栋看到，身旁的李尚福临危不乱，思路愈发清晰。但此时的气象条件给李尚福带来的沉重压力，是不言而喻的。

这时，气象部门专业人员拿着最新的发射场周边空中气象变化趋势云图，来到孙家栋和李尚福面前。李尚福仔细分析了雷电云层变化趋势和移动速度，很专业地判断，远方雷电积雨云的运动方向和速度将会滞后于预定的火箭起飞时间。他谦虚地询问气象部门专业人员，自己的判断是否正确。气象专家惊叹李尚福对发射场气象特殊性的专业程度。李尚福已在西昌发射场工作 30 多年，参加指挥 70 余次发射任务，积累了丰富的经验。他的大脑在飞速运转，认为发射场上空的两大云团大约在凌晨 5 点到 6 点间出现一个缝隙。李尚福与孙家栋的眼神会意地一碰。李尚福语调不高，但坚毅果断地下达了按程序发射的命令。

2011年，孙家栋与西昌卫星发射中心主任李尚福在一起

尽管发射指挥控制室外雷声依然隆隆作响，雨点儿噼里啪啦落个不停，但孙家栋看到，李尚福沉着镇静。发射场如同战场，最高指挥员在临战时刻的沉着稳定具有无形的感召力。

凌晨正是人们沉睡的时刻，而孙家栋和他身边的指挥人员伴随着发射场的雷电雨水，彰显着敢在雷电气象环境下下达发射命令时充满的自信。远处仍然不断划过闪电的亮光，滞后于亮光传来的隆隆雷声催人奋进。

5时44分28秒，指挥员的"点火"号令震耳欲聋、威震四方。"长征三号甲"运载火箭在稀稀拉拉的雨水中喷出耀眼的烈焰。这条呼啸的火龙托举着北斗导航卫星，从两块积雨云的缝隙中神话般稳稳穿过后，两块云团又汇集在一起，再次雷声大作，暴雨狂倾。而火箭已经穿过云端，愈来愈快地向太空预定轨道飞驰。发射任务获得圆满成功。

十六、惊心动魄　斗转星移

卫星发射受诸多原因设定的发射窗口是人们熟知的,但在发射窗口内抢占雷电窗口则闻所未闻,在雷电间隙成功发射卫星,在中国乃至世界航天史上也是难以想象的。当年,美国"发现号""奋进号"航天飞机因为天气原因,曾数次推迟发射;2010年12月28日,欧洲航天局"阿里亚娜-5型"火箭在圭亚那库鲁发射场由于天气原因而被迫推迟发射。世界航天发射史上,由于气象原因导致发射失败的先例屡见不鲜。航天气象专家曾告诫,快速升空的航天器在雷雨中飞行若被雷电击中,后果不堪设想,而下落的雨滴如同出膛子弹般的强大威力对航天器也会造成致命损害。航天发射牵一发而动全局,敢下令在如此恶劣的气象条件下发射,必须具备绝对的科学判断、万无一失的决策能力。这既需要过人的胆识与气魄,又出于对国家、对人民的高度责任感。

李尚福在发射任务结束后对孙家栋说:"面对高密度发射,针对变幻万千的恶劣环境和状态,我提出,西昌卫星发射中心必须做到稳中求快不盲动、快中求稳不出错。"大家赞叹,这近乎哲理的理论,出自发射场最高指挥员之口。李尚福自信而淡定地说:"卫星发射本身就是一种辩证关系。国家正在加紧创新型建设,发射场也必须跟上国家发展的时代步伐,必须不断创新才能满足航天发射的要求。西昌发射场虽然地处深山,但我们瞄准的是国际航天发射先进技术前沿,把航天技术的牵引和带动作用,延伸到了发射中心的各个领域。虽说每次发射都惊心动魄,但我们做到了遇事不惊,临危不乱。由于每次发射都代表着国家利益,代表着民族形象,我们的每一次成功发射都是对国家整体科技实力提升的贡献。"

李尚福又对孙家栋幽默地说:"我在西昌发射场工作的30年间,一次没漏地参加了80次发射任务,但到现在为止,还从来没有在室外亲眼目送火箭起飞,也从来没有在室外听过火箭点火的轰鸣声。"的确是这样。在发射场奋战几十年如一日,李尚福参与指挥航天发射已近200次。他身在发射场,坐在火箭旁,却没有在室外看过火箭起飞,也没有亲耳听过火箭轰鸣。对于这一点,孙家栋体会更深。他见证了中国航天60多年的全部发展历程,同样也没有在室外看过火箭起飞,没有亲耳听过火箭轰鸣。因为每次发射,他和李尚福的岗位都在山洞里的发射指挥控制室,通过大屏幕、通过扬声器指挥发射。这种"待遇"绝对不是一般人能够享受到的。指挥航天发射却不能亲眼看见火箭飞天,这绝对是发射场射天人的一种特殊"待遇"。

2011年7月,孙家栋与西昌卫星发射中心主任李尚福在发射现场

十六、惊心动魄　斗转星移

"确保发射成功"是所有航天人努力的方向、追求的目标，"成功"二字的内涵早已成为参与航天发射的每个人内心的崇高信仰。对辉煌成就背后的奋斗与拼搏、辛酸与喜悦，孙家栋心里最清楚。

孙家栋清醒地认识到，成功已成为过去，每一项关键的举措都意味着责任与风险同在。"准时准点发射""零窗口""零缺陷""零故障"，是西昌卫星发射中心确保成功发射的又一管理思路。在发射任务的每个环节，实现组织指挥零失误、技术操作零差错、设备设施零故障、任务软件零缺陷、数据判读零遗漏，使发射中的每个步骤都有章可循、有据可依。

30多年来，自国家确定发射中国自主研制的通信卫星开始，又相继发射气象卫星、外国通信卫星、探月卫星、北斗卫星，孙家栋进出西昌数百次。他见证了西昌射天人这个特殊群体一批批人走出去，一批批新人开进来，前赴后继，成就着伟大的航天发射事业。"铁打的江山，流水的兵"，当年西昌发射场第一次执行卫星发射任务时，那批从全国各高校选拔来的近400名优秀大学毕业生，如今仍然从事这项工作的已经不到10人。当然，笔者就是这幸运的几个人之一。

那些年，只要发射北斗卫星，火箭旁就总能看到孙家栋的身影。他作为总设计师，与大家共同奋斗，同西昌发射场官兵结下深厚的友情，到了发射场就如同回到家。而发射场的科技人员更觉得，孙家栋身上的那种精神激励着射天人创造一个又一个奇迹。

2011年12月27日，中国卫星导航系统管理办公室正

2011年9月16日，孙家栋在深圳调研北斗系统应用研发工作

孙家栋在发射指挥现场与技术人员讨论问题

式宣布，中国北斗系统向用户提供试运行服务。北斗卫星导航系统转入建设与应用推广并举的新阶段，随即在交通运输、气象、渔业、林业、电信、水利、测绘等应用领域开展试运营。

十六、惊心动魄　斗转星移

北斗运营，同样牵动着孙家栋的心，他抽出大量时间有针对性地前往北斗导航卫星应用领域的单位和企业调研。提供试运行服务以来，北斗系统运行稳定，服务性能不断提升。北斗系统的定位精度平面实现 10 米、高程优于 15 米，测速精度达到 0.2 米 / 秒，授时精度达到 50 纳秒。看到北斗系统对经济建设和社会发展产生了显著效益，孙家栋心底流露出一阵阵喜悦。

他深知，即将发射升空的第 16 颗北斗导航卫星对提升北斗系统服务性能、扩大服务区域非常关键。这次发射也是对中国自主设计、研发、空间布网、地面运营管理北斗系统的阶段性检验，取得成功后，将会顺利实现北斗导航卫星向亚太大部分地区提供正式服务。

2012 年 10 月 25 日，西昌卫星发射中心正在按计划实施北斗导航卫星发射任务。

2012 年 4 月 29 日，孙家栋在西昌卫星发射中心接受新闻媒体记者采访

这是2012年中国北斗导航卫星的第4次发射，也是西昌发射场在这一年连续发射的第6颗北斗导航卫星。时光飞逝，孙家栋已83岁。在这个年龄，他竟然9个月里不知疲倦地7次进出西昌卫星发射中心。

孙家栋凭借几十年的航天工程经验，凭借几十年练就的对航天工程敏锐的洞察力，总能在关键时刻找到关键问题所在，并提出解决疑难问题的关键方法。

孙家栋在探月卫星总指挥、总设计师会议上

为了北斗工程能按计划实施，为了各系统间互相不拖后腿，不影响工程整体进度，孙家栋倾注的心血令所有工程参与者感动，也令航天界数十万科技工作者钦佩。在担任北斗导航卫星工程总设计师的18年中，他的陈旧性腰肌劳损屡屡犯病，剧烈的疼痛常常让他步履艰难。他还有大脑供血不足的老毛病，每当过度劳累，便会突然头晕目眩，那种天旋

十六、惊心动魄　斗转星移

地转的感觉使他坐卧难忍。有一段时间，孙家栋的皮肤瘙痒症令他不思饮食、夜不能寐。他被紧急送往医院后使用激素刚刚控制了病情，听到卫星发射有情况，不听医生和秘书的劝说，拔掉输液针头，就从医院紧急赶往飞机场飞向西昌卫星发射场……

这之中的辛酸苦辣，孙家栋内心清楚，周围同志更是心知肚明。但每每听到要注意身体之类的劝说，他只是眯缝着眼睛，笑着感谢同志们的关心照顾。他的快乐，大多表现在疑难问题得到解决和发射成功的那一刻。

2012年10月25日22点33分，西昌卫星发射中心指挥控制大厅内，发出"各号注意，1小时准备"的口令。孙家栋身穿紫红色鸡心领羊绒衫，外套藏青色夹克，胸前挂着天蓝色挂带的发射任务通行证。他以深邃的目光专注地凝视

长征系列运载火箭第100次发射前，孙家栋在发射场

孙家栋在办公室

着正前方的3块大型电子显示屏。大屏幕上显示着不断变换的数据和画面，以及火箭、卫星、发射场和有关系统发射前的技术状态，为发射指挥决策人员实时提供着各类信息。

一片宁静中，传出"5分钟准备"的响亮指挥号令。

宽大的西昌卫星发射中心指挥控制大厅内，前面3排技术操作席上坐着几十人，后面的领导指挥席也坐了几十人，但数百人的指挥控制大厅异常安静。除了扬声器里传出各系统间的对话口令外，所有人员都注视着大屏幕上显示的图像和数据。

孙家栋听到"5分钟准备"的号令后，精神为之一振，因连日奔波疲惫的腰板也不由自主地挺直。他的双手习惯性交叉紧握在一起，胳膊肘支撑在面前的指挥桌上，双眼目不转睛，两耳全神贯注，等待着火箭点火的那一刻。

23时32分，"1分钟准备"的指挥号令传出。

随着大屏幕显示火箭上部的脱落插头一个个正常脱落，扬声器里传来"脱落正常"的报告声。液氢排气连接器脱落后，火箭周围弥漫着一片雾气。地面发射塔架与火箭连接的电缆摆杆，随之徐徐摆开到位。大屏幕上火箭的画面由火箭头部推向屹立在发射台上的火箭全景，中间那面大屏幕则清

十六、惊心动魄 斗转星移

晰地显示着火箭尾部6台发动机喷口的特写镜头。

"10—9—8—7—6—5—4—3—2—1！"

发射倒计时号令的逐秒递减声，由发射场灌入西昌指挥控制大厅，灌入西安卫星测控中心，灌入北京航天飞行控制中心，灌入太平洋上等待接收数据、对卫星实施控制的"远望号"远洋航天测量船，灌入参加发射试验任务的每个人的耳膜。每一秒递减，都使每一个人的心脏跳动凝聚在火箭发射升空那一刻。

孙家栋交叉的双手松开又握紧。他虽然经历过中国几百次航天发射，但每次发射时的感觉从来没有轻松过，每次火箭点火前那一刻都高度紧张。那一刻，凝聚着太多人的心血，承担着艰巨的重任，寄托着神圣的使命，成就着伟大的国家战略！

23时33分，一声"点火"号令响彻指挥控制大厅，响彻发射场，也同样响彻西安卫星测控中心，响彻北京指挥控制中心，响彻远在太平洋的"远望号"远洋航天测量船。

孙家栋屏住呼吸，看着6台火箭发动机的喷口喷出猛烈的火焰。随着震耳欲聋的呼啸声，火箭离开发射台笔直地向空中冲刺。孙家栋的呼吸随着火箭的呼啸紧张而急促。此刻点火起飞的"长征三号丙"运载火箭在短短4年间第10次飞行，也是"长征三号丙"运载火箭第6次运载北斗导航卫星飞向太空。

漆黑的西昌发射场上空，6台火箭发动机同时喷射产生的450吨巨大推力的火焰如此壮观。火箭发动机发出的排山倒海般的呼啸声经群山反射，又一次发出如同礼花绽放的噼里啪啦的巨响，更增添了神奇的震撼力。

孙家栋心里仍然在默默地倒计时。运载火箭和卫星由几十万个零部件精密组装而成。发射场全体参试人员精心调试、精心操作，将测试合格的火箭吊装对接在发射台上，又将合格的几百吨高能推进剂和特殊压缩气体贮藏到火箭"体内"……千军万马一枚箭，众志成城一颗星，这么长时间的精心准备就是为了这屈指可数的26分钟。

从发射程序的技术设定来讲，火箭起飞离开发射台那一刻为倒计时与正计时的0点。此时，火箭正在精准地按照理论设定的时序，1秒、2秒、3秒、10秒、50秒、100秒……向太空飞行。火箭每秒消耗几吨燃料，箭体逐级分离脱落，减轻自身重量，空中的大气摩擦力减弱产生加速度，在短短的20多分钟内冲出地球大气层，以每秒7.9公里的第一宇宙速度加速、加速、再加速。孙家栋大脑里储存的数据随着火箭到达预定轨道的飞行时序，仍然在倒计时。

也许具有大智慧的人都有随机换位思考的天赋，孙家栋多年来形成了战略性思维和战术性实施的逆向思维。他在筹划战略规划时，总是以发展眼光，从预见性、前瞻性、战略性和国家整体发展趋势角度超前思维，确定实现宏伟蓝图的正计时；而当落实每一项具体计划时，总是立足现实、一丝不苟、抓大放小、疏而不漏、严肃认真、周到缜密，以完成任务目标为零点而倒计时，每完成一个步骤如同缩短了倒计时的距离。

十六、惊心动魄 斗转星移

此刻,火箭已经远离西昌发射场,整个指挥控制大厅又是一片宁静。火箭飞行时间在一秒一秒递增。

火箭飞行至 1574.866 秒,指挥控制大厅的调度扬声器里传出喜传:星箭分离,卫星已成功进入预定转移轨道。此次发射获得圆满成功!这是我国二代北斗导航工程的最后一颗卫星,至此,我国北斗导航工程区域组网顺利完成,标志着我国北斗卫星导航系统建设第二步战略目标全部实现,系统完全具备了稳定连续的覆盖亚太地区的服务能力。

孙家栋情不自禁地从座席上起身,与其他参试人员一起热烈鼓掌。卫星发射成功之刻,是指挥控制大厅最热闹、最风光之时。相机快门咔咔响,闪光灯的亮光划过,记者们采访忙做一团。大家情绪高涨、兴高采烈地盛情邀请孙家栋,

2012 年 10 月 26 日凌晨,第 16 颗北斗导航卫星发射成功后,孙家栋与其他参加发射人员合影

2007年6月1日，孙家栋与秘书李钢在"鑫诺三号"通信卫星和长征火箭第100次发射成功现场

与他们一起在"热烈庆祝北斗二号第十六颗导航卫星发射圆满成功"的字幕下合影留念。随后，淡定、低调的孙家栋趁大家不注意，向紧随身边的秘书李钢递去眼神，默默地从旁门悄悄离开指挥控制大厅。

发射前一环扣一环的高度紧张，火箭起飞后一秒一秒递减26分钟的漫长时光，卫星准确进入预定轨道的捷报使孙家栋悬着的心暂时有了着落，但袭来的极度疲惫令他浑身像散架一般。

2012年10月26日一早，孙家栋将要飞往西安卫星测控中心，与那里的技术人员一起，对远在3.6万公里外的卫星实施一系列飞行轨道测量、计算，发出卫星上发动机点火指令，接收卫星轨道变化后的准确轨道数据，判断变轨后卫星的工作状况，还要对卫星各系统进行在轨测试……

孙家栋的大脑，跳跃性地沉浸在科学的思维、细致的计

十六、惊心动魄　斗转星移

划、严密的安排、准确的程序之中。

2012年10月26日清晨，天还没亮，孙家栋就来到西昌青山机场。停靠在停机坪的专机的发动机已经隆隆转动，孙家栋一行急匆匆登上飞机。舱门关闭后，隆隆的发动机轰响声也没有驱走孙家栋连日来的紧张和疲惫。他似乎刚刚进入蒙眬状态，飞机便噔地一下触地，徐徐降落在西安机场。飞机触地的一刹那，孙家栋的大脑顿时清醒，他的思维已经从卫星发射入轨转移到对在轨卫星实施控制的另一个范畴。自10月26日凌晨北斗导航卫星入轨后，仅仅过去10个小时，孙家栋便步入西安卫星测控中心的指挥控制大厅，又开始凝视大屏幕显示的3.6万公里之遥的卫星运行轨迹。西安卫星测控中心的科技人员向孙家栋等领导作了简短汇报。针对这次卫星测控技术状态的新变化和复杂的控制过程等特点，西安卫星测控中心创新任务组织指挥模式，对变轨控制

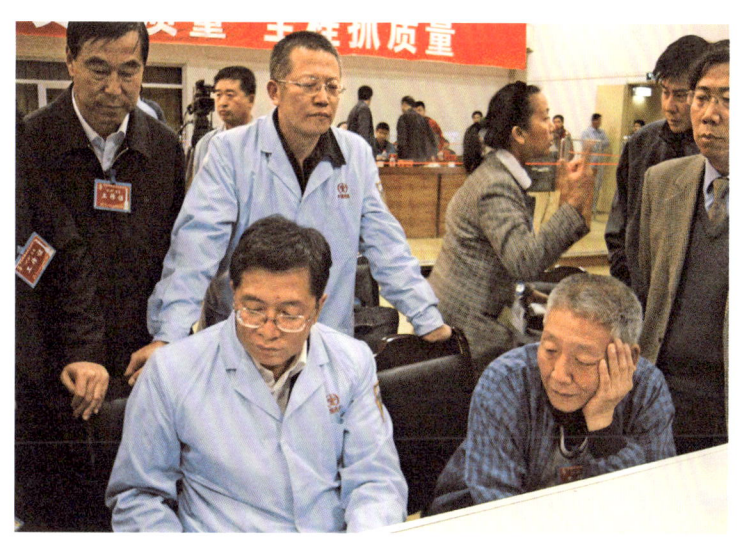

孙家栋在发射指挥现场与技术人员讨论问题

和姿态控制等计算方案进行了设计改进，进一步优化了卫星变轨方案。火箭点火飞行后，西安卫星测控中心及所属测控站随即展开接力式跟踪测量控制。星箭分离后，西安卫星测控中心在第一时间精确计算出卫星轨道，卫星成功入轨。孙家栋参加指挥了对卫星的各项控制操作，卫星按照预定方案准确进入地球准同步轨道。

2012年10月30日，西安卫星测控中心对在太空中运行的"北斗二号"第16颗导航卫星实施4次远地点变轨和两个批次定点捕获，于11时41分成功地将卫星定点于东经80.3度赤道上空。之后，开始对卫星上各个分系统、子系统进行检查测试。孙家栋高兴地离开西安，在飞机从西安机场起飞的那一刻，他的大脑思维又转向北斗导航卫星工程的整体运营服务。

孙家栋认为，人造地球卫星的功能概括起来主要有3种：信息获取、信息传递和信息定位。其中，信息定位包括空间和时间的定位，这便是北斗卫星发挥的功能。它相比前两个功能，实现起来的难度要大得多，必须在电子技术、航天技术、材料科学等前沿科学技术达到一定水平之后才能实现。当然，航天技术整体水平的提高，对北斗导航系统的建设，起了非常重要的促进作用。卫星导航定位系统是国家重要的战略设施，是实现现代化、信息化的基本保障，必须拥有自主知识产权，依靠外国、依靠金钱是绝对得不到的。建成北斗系统共需要30多颗卫星，而卫星的寿命有限，一般10到15年就必须发射新的卫星更换替代。一个国家建设这样高科技累积起来的复杂系统，必须有国家强有力的政策支持和长期的、大量的资金投入，才能保证工程顺利推进。

孙家栋大力推动北斗卫星导航定位系统的应用。他认为，国家花这么多气力建成的北斗系统，只有充分使用才会发挥作用，最大限度获取经济效益。他组织进行了认真细致的分析、研究和总结。大家一致认为：北斗卫星导航工程建设在复杂的系统工程管理模式、优化科研生产管理体系、强化精细化质量管理措施，以及加强人才队伍建设等方面，都取得了很大的进步，是中国航天科技工业能力的又一次全面提升。在技术方面，依靠自主创新，突破了一箭双星发射、多星组网、高精度星载原子钟、卫星抗空间辐射加固等多项关键技术。

卫星上天，开通应用，皆大欢喜，但如何真正应用于广大用户，如何真正展开服务、创造效益，成为孙家栋亟待解开的心结。随着北斗工程阶段性重点转移，他的工作重心也在转移，那就是北斗卫星的地面使用。"北斗二号"工程地面运行控制和应用系统总指挥袁树友向孙家栋建议，要在更大范围认识北斗、普及北斗、应用北斗。针对北斗应用上曜星月、下安物望，袁树友这位学者型的总指挥提出，以通俗易懂的问答方式来介绍北斗工程的新理论、新技术、新方法和新成就。袁树友昔日助手、致力于北斗应用的北斗天汇（北京）科技有限公司董事长刘忠华，是位在军队测绘领域工作了30多年的老测绘。他表示，要为中国北斗在更大范围发展民用服务而努力。孙家栋很支持他们的想法，并且出谋划策。很快,由袁树友主编的《上曜星月——中国北斗100问》和《下安物望——北斗应用100例》两本书呈现在孙家栋面前。两书的扉页赫然写着:中国北斗卫星导航定位,是国之重器,国家安全、经济社会发展重要的空间基础设施。北斗卫星导航系列科普丛书,带你解开北斗的奥秘。孙家栋一边翻看图书,一边赞赏他们做了一件有意义的好事、实事,并欣然为两本书撰写了题为《宝剑锋从磨砺出》的序。

2012年12月28日,党中央、国务院、中央军委对"北斗二号"卫星导航系统开通服务发出贺电。贺电中指出,建设中国独立自主的卫星导航系统,是党中央、国务院、中央军委着眼国家安全和发展作出的重大决策。"北斗二号"卫星导航系统研制建设,凝聚了广大工程技术人员的聪明才智,体现了自主创新、团结协作、攻坚克难、追求卓越的北

2019年3月,孙家栋与北斗工程地面运行控制和应用系统前总指挥袁树友(右二)、本书作者王建蒙(左二)等人,在海南三亚北斗运控站调研

十六、惊心动魄　斗转星移

2016年12月，孙家栋与沈荣骏亲切交谈（王建蒙摄）

斗精神。该系统建成并投入使用，是国家和军队信息化建设的重要里程碑，是对中国经济社会发展的重要贡献，标志着中国卫星导航发展"三步走"战略的第二步取得了全面胜利，标志着中国在建立自主可控的卫星导航系统进程中又迈出了一大步，意义重大，影响深远。

2017年12月27日，是中国北斗卫星导航系统开通使用5周年的日子。这一天，国务院新闻办公室在新闻发布会上表示，北斗系统开通5年来，能力不断增强，应用产业快速发展，国际合作已经成为一张国家名片。从现在开始，"北斗三号"组网工程正式拉开大幕。"北斗三号"系统将继承北斗特色，对标世界一流，增加星间链路、全球搜索救援以及同步开展北斗星基增强系统建设等新功能，播发性能更优的导航信号。孙家栋精辟地提出："中国北斗要做到天上好用，地下用好。北斗应用，只有想不到，没有做不到！"

孙家栋对曾派驻新加坡亚太移动通信卫星责任公司的王建蒙(左)、吴红举两位副总裁说:"北斗卫星发射上天,关键是要做好地面应用!"

2011年9月16日,孙家栋在深圳调研北斗系统应用研发工作(王建蒙摄)

十六、惊心动魄　斗转星移

2014年5月21日，孙家栋在南京举行的第5届中国卫星导航学术年会上参观产品展台

2015年9月10日，孙家栋调研兰州空间技术物理研究所，右一为卫星专家、中国工程院院士范本尧

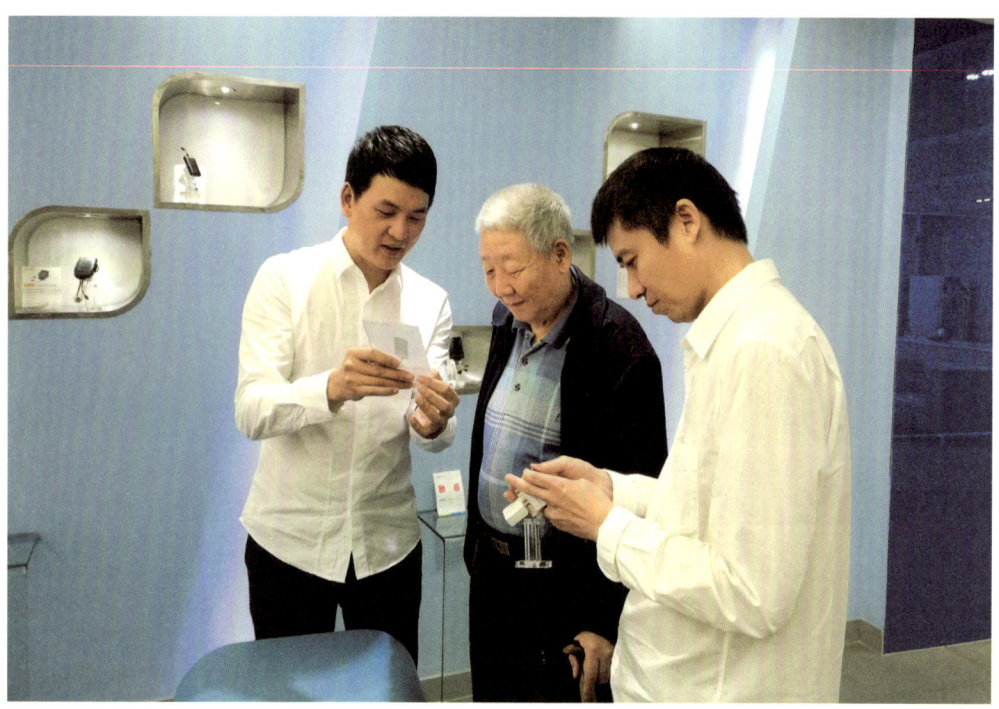

2016年4月14日，孙家栋调研深圳市康凯斯信息技术有限公司

2015年9月25日，孙家栋出席在北京召开的第4届中国卫星导航与位置服务年会，并为北斗卫星导航应用题词

北斗导航　服务于民
天上好用　地下用好

孙家栋
2015.9.25

十七、九旬坐镇　纵观风云

2018年是中国航天发射史上非同寻常的一年，这一年是中国航天有史以来卫星发射数量最多的一年。中国完成了40次航天发射，占全世界航天发射总数的36%，在一年之内连续将50多颗中国造卫星成功设置于太空预定轨道。这不仅证明了中国航天的科学技术水平和能力，更是中国综合国力在国际上的强有力展示。这些成就，让孙家栋浑身增添了无形的力量。

刚刚度过89周岁生日的孙家栋，已经在工作日程中排上了中国气象卫星发射前的行程：卫星出厂综合技术评审，

对"风云"气象卫星进行技术测试

运载火箭出厂技术状态评审,发射场技术适应性改造完成情况汇报,前往西昌卫星发射现场启程时间……这颗卫星,将是孙家栋担任航天工程总设计师期间指挥发射的最后一颗卫星。

6月的北京已略显炎热的倪端,湛蓝的天空清澈透亮。孙家栋又一次踏上从北京前往西昌的征程。自1983年西昌卫星发射中心首次迎来火箭和卫星的35年间,不论是酷暑,不论是严冬,不论是狂风暴雨,不论是电闪雷鸣,孙家栋由北京往返西昌累计飞行百余次,在那个令世人瞩目的地方,完成着一个不变的神圣使命,那就是中国的航天发射。

西昌的夏日阳光明媚,素有月亮之城的美称。大凉山深处,满山坡杜鹃花盛开,灌木丛中松鼠跳跃、百鸟争鸣,常青的松柏与翠绿的杉树挺拔刺天,姹紫嫣红的自然景色与矗立在发射台上的"长征三号甲"运载火箭形成鲜明而和谐的

孙家栋与"风云"气象卫星总设计师孟执中(右)在卫星研制现场亲切交谈

画面。

1997年的这个日子，68岁的孙家栋坐镇西昌卫星发射中心指挥控制室，参加指挥将中国第一代地球静止轨道气象卫星送入太空。

21年后，还是这个日子。2018年6月5日21时，精神饱满、浑身充满自信的孙家栋依旧坐镇在这里，两眼炯炯有神地紧盯着各系统汇集到指挥显示屏幕上的数据，神情庄重地在内心默默随着"嘀嗒、嘀嗒……"的倒计时时钟，一秒一秒向火箭点火的零分、零秒递减。

与21年前相比，孙家栋的两鬓更白，步履明显变缓，身板也不如当年硬朗，但他的思维仍然敏捷，他的大脑反应丝毫不减当年。

"风云二号H"卫星凝结了我国自主科技创新的成果，进一步增强了我国气象卫星的综合观测能力与应用服务能

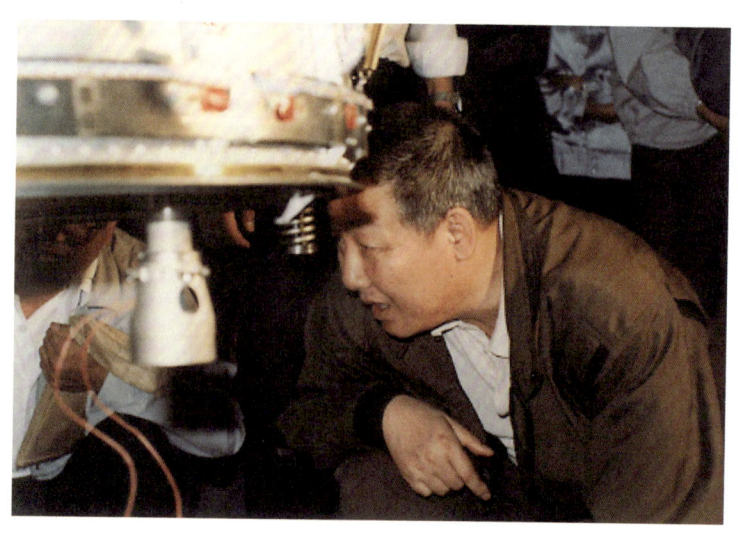

20世纪90年代初，孙家栋在卫星生产厂房检查"风云二号"气象卫星生产情况

力。它与已在轨工作的 3 颗"风云二号"卫星组网，对地球气象变化进行观测，对于确保中国两代地球静止轨道气象卫星业务顺利接续有着重要意义。

担任地球静止轨道气象卫星工程总设计师长达 21 年的孙家栋，在卫星发射升空后，欣然接受了记者在西昌发射场的采访："'风云'卫星发展伊始，气象部门坚决支持国产气象卫星的研制，这为研发部门提供了坚强后盾。应用部门和研发部门互相谅解、互相支持，共同制定了长远目标，脚踏实地，一步一个脚印地向前发展，这才有了今天的成绩。"接着，孙家栋风趣地讲了气象卫星与人们的生产生活息息相关的例子："老百姓每天晚上 7 点都习惯收看央视的《新闻联播》节目，在《新闻联播》后的那段《天气预报》开始之前，不论是在吃饭还是在做事，大都会停下手里的事，静静等候《天气预报》的播报。不仅仅是在上海、在北京、在哈尔滨、在拉萨，就是在南海岛屿、在深山僻壤的偏远乡村，凡是能够收看到电视节目的地方，大家都会认真地看《天气预报》节目。人们在茶余饭后经常说，现在的天气预报真准，预报的内容也非常人性化。实际上，这是长达 20 多年不断更新、接续发射上天的气象卫星，给人们带来的实实在在的福音。20 多年来，中国气象局局长换了好几任，卫星、火箭的总设计师也都换了好几任，而我这个工程总师却从头至尾坚持下来了。所以，国家气象卫星的收官之作，也是我担任这项航天工程总设计师的收官之作。"这席看似平凡的话语，展示了孙家栋的责任感与事业心。

"风云二号H"卫星发射成功后，孙家栋满面喜悦之色（李钢提供）

2018年，"风云二号"卫星发射成功后，孙家栋在西昌卫星发射中心（李钢提供）

2018年11月30日，国家国防科技工业局与中国气象局联合举办仪式，"风云二号H"卫星及"风云三号D"卫星由中国航天科技集团有限公司正式交付中国气象局。交付仪式上，国家国防科技工业局、中国气象局共同向气象卫星工程总设计师孙家栋颁发了"风云"气象卫星事业终身成就奖。孙家栋针对国内外民营航天业迅速发展的可喜局面，感慨道："当年，中国通过国家重点任务带动航天技术发展，但高新技术发展到一定阶段，一定要逐步普及，各行业都可以介入。中国航天事业发展到现在，国家整体的物质基础条件比原来大大改善，有一定技术人员、财力，可以推动社会力量开展民营航天。这也是当前中国航天事业发展非常关键的一步。"他同时表示："民营航天业发展会经历一个比较艰苦的发展过程，需要坚定信心，在不断深入总结经验的基础上，寻求一条高效发展道路。"

孙家栋认为，纵观"风云二号"及中国气象卫星的发展历程，一开始，气象服务要求相对较低，因此，制定了先发

2018 年 11 月 30 日，孙家栋在"风云二号 H"卫星与"风云三号 D"卫星在轨交付仪式上（李钢提供）

2018 年 11 月 30 日，中国气象局、国家国防科技工业局共同向气象卫星工程总设计师孙家栋颁发"风云"气象卫星事业终身成就奖

展低轨气象卫星"风云一号"的规划。之后,又有了高轨的地球静止轨道气象卫星"风云二号",形成低轨全球观测和高轨局部观测相结合的气象卫星体系。随着国家技术水平的不断提高,中国气象卫星发展逐步加快,卫星分辨率、探测的范围和准确率等日益提升,开始着手推动气象卫星的更新换代。这也是从低轨开始,研制出了"风云三号",与之相配套的是高轨的新一代静止轨道气象卫星"风云四号"。中国航天事业刚起步的时候,国家就非常重视气象卫星,因而"风云"系列卫星的起步比较早,在20世纪70年代就开始了。从"风云一号""风云二号"到后来的"风云三号"和"风云四号",气象卫星的发展为国家经济建设作出了突出贡献。特别是在农业、海洋等领域,"风云"系列卫星改变了人们的工作和生活状态。以前没有气象卫星的时候,对台风天气几乎没法预报,台风快登陆了才能报出来。有了气象卫星以后,起码三五天以前,甚至更早一点,就把台风动向报出来了。这对防止台风灾害起到了重要作用。气象卫星提供的数据结合地面应用,发挥着更大的作用。中国航天事业发展最重要的一条经验就是自力更生、独立自主,尤其是核心技术、核心器件,必须自主解决。中国航天正处在建设航天强国的关键时期。着力培养好年轻人才队伍,是实现航天梦以及中国梦的重要基础。科学之路没有坦途,要执着向前、砥砺前行。不惧困难,攻坚克难,总结经验,不断前进,这是最重要的。

十八、追星逐月　圆梦太空

孙家栋是中国最年轻的"两弹一星"功勋科学家，也是中国最年长的卫星工程总设计师，还是当今仍然在航天战线工作的年龄最大的航天工作者。他一生追星逐月布北斗，一生为中国航天事业拼搏，堪称爱国、奉献的楷模。从中华民族成功发射第一颗人造地球卫星开启太空时代起，他就与中国航天制造卫星、发射卫星、应用卫星结下了不解之缘。他的心愿就是造一辈子中国星。

人生能有多少个10年？孙家栋人生中的6个10年，个个都轰轰烈烈，绽放着精彩。

1949年，20岁的孙家栋，为新中国的成立欢呼，随即加入新组建的人民空军，并留学苏联。

1959年，30岁的孙家栋，从参与中国导弹研制起步，开始了为之奋斗一生，也令他引以为豪的航天生涯。

1969年，40岁的孙家栋，主持研制的中国第一颗人造地球卫星——"东方红一号"大功告成。

1979年，50岁的孙家栋，受命担任中国空间技术研究院副院长、"东方红二号"通信卫星总设计师。

1989年，60岁的孙家栋，由航空航天工业部副部长改任航空航天工业部科学技术委员会主任。在这一年，他代

十八、追星逐月　圆梦太空

1994年8月20日，在首届求是科技基金会杰出科学家奖颁奖会上，孙家栋（左四）与获奖的"航天四老"——任新民（右六）、黄纬禄（右四）、屠守锷（左五）、梁守槃（右八）合影

表中国政府与美国政府签署了关于卫星商业发射服务的协议书。

1999年，70岁的孙家栋，在北京人民大会堂被授予"两弹一星功勋奖章"。时任中共中央总书记、国家主席、中央军委主席江泽民为孙家栋佩戴奖章并合影留念。同年，孙家栋参加领导的中国、巴西合作研制的"资源一号"卫星在太原卫星发射中心成功发射。

2009年，80岁的孙家栋，度过了人生中最为忙碌的一年。这个忙碌是指，他在这一年中参与的活动多、主持的技术会议多、空中飞来飞去工作的次数多。这一年，他主持或参加的卫星发射会、登月战略研究会、火箭技术评审会等重要会议和活动达50多次。这一年，是孙家栋厚积薄发、荣誉集中而至的一年。其中，最为重大的是：孙家栋荣获2009年度国家最高科学技术奖和国家科学技术进步奖特等奖。

这一年——

3月1日16时13分10秒,"嫦娥一号"卫星累计飞行494天,其中环月飞行482天,圆满实现探月工程目标和科学目标。孙家栋在北京航天飞行控制中心,目视"嫦娥一号"卫星准确落在月球东经52.36度、南纬1.50度的预定撞击点。

3月5日,孙家栋收到97岁高龄的著名科学家钱学森写给他的生日贺信。钱学森祝福孙家栋80岁生日快乐。

4月8日,孙家栋在80岁生日这天,收到中共中央组织部的生日贺卡,上面写着:"尊敬的孙家栋同志:在您80华诞之际,谨祝您生日快乐,健康长寿。"

8月4日至10日,受党中央、国务院邀请,孙家栋等专家学者来到北戴河休假。时任中共中央政治局委员、中央书记处书记、中央组织部部长李源潮,国务委员兼国务院秘书长马凯,在北戴河看望并听取专家学者意见。邀请专家学者在暑期到北戴河休假,是党中央、

1999年9月18日,孙家栋荣获"两弹一星功勋奖章"

国务院关心人才、服务人才的重要举措。孙家栋在发言时说:"党中央、国务院邀请我们来北戴河休假,对我个人来讲,是至高的荣誉。"

9月30日,孙家栋受国务院邀请,出席在北京人民大会堂举行的庆祝中华人民共和国成立60周年盛大国庆招待会。

10月1日上午,受党中央邀请,孙家栋作为"两弹一星功勋奖章"获得者,与党和国家领导人一起登上北京天安门城楼,参加首都各界20万军民庆祝中华人民共和国成立60周年大会,在北京天安门城楼上观礼盛大阅兵仪式和群

颁发给孙家栋的"两弹一星功勋奖章"和荣誉证书

航天领域"两弹一星功勋奖章"获得者合影,右起:孙家栋、王希季、任新民、黄纬禄、杨嘉墀、屠守锷

众游行活动。

孙家栋在天安门城楼上,看到一个个受阅方队在嘹亮雄壮的军歌声中威武向前,精良铠甲铁流滚滚,导弹武器威震四方,先进战鹰呼啸划过……孙家栋年少时的盖大楼梦,大学时的造飞机梦,留学归来后的中国导弹刺天梦,如今的应用卫星种类齐全、遨游太空的航天梦,在这个瞬间,从他的脑海一一掠过。

一位新华社记者来到浮想联翩的孙家栋面前问道:"孙院士,能告诉我们此刻您在想什么吗?"孙家栋动情地说:"祖国的强大让每个中国人无比自豪。我祝福我们伟大的祖国更加繁荣昌盛、取得更大成就!"

晚上,孙家栋又与党和国家领导人一起登上天安门城楼,出席庆祝中华人民共和国成立60周年联欢晚会并观看礼花绽放的盛况。

2009年10月1日,孙家栋在北京天安门城楼上出席国庆60周年盛典

十八、追星逐月　圆梦太空

党和国家给予孙家栋的崇高荣誉，让他感到无比幸福与荣耀。

2010年1月11日，党中央、国务院在北京人民大会堂隆重举行国家科学技术奖励大会。会前，时任中共中央总书记、国家主席、中央军委主席胡锦涛等中央领导人接见获奖代表并合影留念。胡锦涛对孙家栋说："祝贺，祝贺，航天工作做得很好。"孙家栋说："感谢胡总书记对航天事业的关心，我们会再进一步努力。"

当党和国家领导人来到大会主席台时，人民大会堂里爆发出热烈的掌声。上午10时，与会全体人员起立，高唱雄壮的国歌。在热烈的掌声中，孙家栋接受了胡锦涛向他颁发的国家最高科学技术奖证书。他手捧印有国徽的鲜红证书与胡锦涛一起面向台下参会者，留下了历史性的镜头。

孙家栋代表获奖人员发言："中央召开国家科学技术奖

2010年1月11日，孙家栋在北京人民大会堂参加国家科学技术奖励大会前，与共同获得2009年度国家最高科学技术奖的谷超豪合影（王建蒙摄）

2010年1月11日，孙家栋获2009年度国家最高科学技术奖后，在北京人民大会堂与家人合影（王建蒙摄）

励大会，中央领导同志向获奖人员代表颁奖，这充分体现了党和国家对科技事业的高度重视和对科技工作者的热情关怀。作为科技工作者，一定不负党和人民的期望，继续为我国科技事业更好更快发展努力工作。"

奖励大会结束后，新华时评《有一种纯粹令人敬仰》写道：非淡泊无以明志，非宁静无以致远。对工作严谨敬业，对名利淡泊知足，对他人宽和谦逊……在孙家栋自己看来，这一切都是理所当然。他并没有刻意追求所谓的"崇高"，只要做一个纯粹的科学家，一个恪尽职责、恪守良知的科学家。但这份纯粹却让人倍加感慨，在如今这个诱惑很多的时代，这份纯粹显得越发珍贵、越发可敬。纯粹更意味着一种境界。人活着得有点理想、有点超脱精神，不能太急功近利。为名利所驱、为外物所役的人其实是很可怜的，他们整天汲汲以求,却往往在不知不觉中迷失方向,失却了真正的自我。做一个纯粹的人其实并不难。我们或许无法取得孙家栋那样的科学成就,但只要像孙家栋一样老老实实做人、认认真真做事,我们就可以无愧于己、无愧于人。正如毛泽东所言:"一个人能力有大小,但只要有这点精神,就是一个高尚的人,一个纯粹的人,一个有道德的人,一个脱离了低级趣味的人,一个有益于人民的人。"

2011年1月26日上午9时50分许,一阵阵爽朗的笑声从孙家栋家里传出。时任中共中央政治局常委、中央书记处书记、国家副主席、中央军委副主席习近平,专程到孙家栋家里看望:"孙老您好,春节快到了,我代表胡锦涛总书记和党中央给您拜年啦。"

习近平紧握着孙家栋的手说:"您是航天科技领域的领军人物,曾作出了许多重大贡献。祖国和人民都不会忘记您,对您为国家航天科技事业发展作出的突出贡献表示敬意和感谢!"

孙家栋说:"我们在2010年和'十一五'期间连续取得了一系列很不容易的成绩,同时也有一批非常优秀、非常有战斗力的人才脱颖而出。这些都得益于航天发展的好年代,信任年轻人,给他们压担子,让他们更快地成长。另外,载人航天精神代代流传,年轻人深受感染。对这一点,我的体会很深。"

习近平又说,"两弹一星"精神激励和鼓舞了几代人,是中华民族的宝贵精神财富。广大航天工作者培育和发扬的"特别能吃苦、特别能战斗、特别能攻关、特别能奉献"的载人航天精神,是"两弹一星"精神的延续和发展。我们要充分发挥"集中力量办大事"的优势,大力弘扬"两弹一星"精神和载人航天精神,加快科技进步和创新步伐,不断开辟人才培养新路径,为改革开放和社会主义现代化建设提供强有力的科技和人才支撑。

2010年1月27日,中央电视台《晚间新闻》节目专题播出记者访谈——孙家栋:中国航天事业的见证人。

4月16日,PTV人民电视专题播出——孙家栋:从东方红到嫦娥40年三大突破。

9月2日,中央电视台新闻频道播出了8月31日孙家栋在上海世博会太空家园馆院士系列讲座第一场开讲的报道;同时,播出孙家栋与夫人魏素萍一起参观上海世博会太空家园馆及航天展品等相关内容。

10月1日,中央电视台新闻频道专题播出——孙家栋:为"嫦娥二号"研发团队打满分。

2010年8月,孙家栋与夫人魏素萍参观上海世博会太空家园馆

12月16日,《科技日报》刊登大型报道《航天大师孙家栋》。

12月17日,《人民日报》头版头条刊登《时代先锋:航天赤子孙家栋》;同日,《人民日报》发表评论员文章《爱国奉献的楷模》。

12月18日,中国广播网报道《"中国卫星之父"孙家栋的精神家园》;同日,中央电视台《新闻联播》节目专题播出——孙家栋:兢兢业业50载,只为梦圆在太空。孙家栋频频出现在亿万电视观众面前,可谓是全国人民耳熟能详的"超级明星"。

从2011年1月17日开始,美国纽约时报广场的电子显示屏上,以每小时15次、每天300次的频率,循环播出《中国国家形象片——人物篇》。孙家栋和"长征三号甲"运载火箭总指挥岑拯,作为中国科技界代表在片中亮相。至2月14日,中国国家形象片共计播放约8400次,孙家栋以中国国家形象为中华民族争得了荣誉。

2011年1月18日,2010 CCTV中国经济年度人物颁奖典礼在北京举行,孙家栋荣获终身成就奖。

2012年6月4日,国家最高科学技术奖获奖者小行星命名仪式在京举行。根据国际天文联合会第77508号《小行星通报》,第148081号小行星被正式命名为"孙家栋星"。以国家最高科学技术奖获奖者的名字命名小行星,是对贡献卓越的科学家的尊重和爱戴,在鼓舞广大科技工作者、激励自主创新、营造和谐创新环境等方面产生了积极影响。

2011年1月18日，孙家栋在北京出席2010 CCTV中国经济年度人物颁奖典礼，并获终身成就奖。中国科协常务副主席、书记处第一书记邓楠为孙家栋颁奖。

2011年1月18日，孙家栋获2010 CCTV中国经济年度人物终身成就奖后，与夫人魏素萍合影

十八、追星逐月　圆梦太空

2012年6月4日，在"孙家栋星"命名仪式上，孙家栋接受全国政协副主席、科技部部长万钢颁发的证书

2012年6月4日，孙家栋（右四）出席国家最高科学技术奖获奖者小行星命名仪式

2014年5月17日,孙家栋在全国科技活动周暨北京科技周现场,参观青少年科普成果展

  2015年9月3日,孙家栋出席在北京天安门广场隆重举行的纪念中国人民抗日战争暨世界反法西斯战争胜利70周年大会和盛大阅兵仪式。空中的战机呼啸而过,地面的导弹、战车隆隆挺进,70年历史长河历历在目。孙家栋思绪万千,对如今国家的经济强盛和国际地位由衷地兴奋与自豪。

  孙家栋从内心深深感到祖国的伟大、航天事业的神圣与光荣。

十九、日月如梭　知足常乐

1959年4月5日是一个星期天。北京短暂的春天是一年中美好的季节，春暖花开，嫩芽初上，大地一片生机盎然。孙家栋起了个大早，与单位其他的年轻人乘车前往颐和园游玩。

汽车驶过木樨地时，孙家栋下车跑到当年与他一起留学苏联的战友刘恩光家借照相机。刘恩光的妻子王淑贤拿出一张照片递给孙家栋说，照片上的女孩魏素萍，是她在哈尔滨医科大学的同学。

孙家栋将照片慌忙揣入怀中急急离去。刘恩光和王淑贤边塞给他一张写有地址的纸条，边在他的身后喊："别总是那么不当回事，如果合适的话，抓紧通封信联络联络！"

孙家栋悄悄看照片时，映入眼帘的是一个秀丽女子。照片上那双秀眉下两只炯炯有神的大眼睛与孙家栋的眼神相撞击的一刹那，他的眼睛似乎唰的闪了一道亮光。

没想到，借相机的这么几分钟时间竟促成了孙家栋的人生姻缘。后来，孙家栋想到这里，还总会自言自语："姻缘其实就是一种缘分，我信。"

魏素萍出生在哈尔滨一个铁路工人家庭。她争强好胜，在生活重压下顽强地坚持学习，补习了初中课程，以自己的

十九、日月如梭 知足常乐

努力、实力、聪明力被保送插班进入医科学校。她不仅补习文化课跟上了课程,而且在年终考试中获得了全班第一名。魏素萍两次插班跳级,两年就完成了大学学业,被哈尔滨市第一医院录取,成为令人羡慕的内科医生。

孙家栋与魏素萍仅仅见了一面,好像就已经成了老知己。各自心里都很满意,都很喜欢对方。两人在一起,话特别多,第一次见面,竟然有说不完的话。魏素萍虽然不知道孙家栋具体是做什么工作的,但感觉到他是在科研单位从事保密工作的。她从孙家栋朴实的话语中能感觉到,他是个厚道人,是个可信赖、可依靠的人。她还感觉到,孙家栋有学识、有上进心,是个令她从心里喜欢的人。如今已离休的魏素萍说到这里,依然流露出内心的那股美滋滋。

孙家栋在1959年4月5日看到魏素萍的照片,5月1日与她第一次见面,7月份利用到哈尔滨解放军军事工程学

1959年7月4日,孙家栋与魏素萍在哈尔滨松花江畔合影

院出差之机,又与魏素萍见了两次面。光阴似箭,短短的100天,对孙家栋和魏素萍来说,他们却觉得有些太漫长。

1959年8月9日,孙家栋和魏素萍第一次见面后的第98天,按照俩人的约定,魏素萍带着自己在哈尔滨道里秋林百货商店量身定做的镂花布拉吉和时髦的高跟皮鞋,自己拎着提包,只身从哈尔滨来到北京。领导和同志们为她与孙家栋举行了简朴、热闹的婚礼。孙家栋曾令众领导着急的婚姻大事,终于美满地解决了。

当今所谓的闪婚也不过如此,但发生在20世纪50年代末的这次闪婚成就了一个欢乐、美满的家庭。

2005年7月,孙家栋与魏素萍在哈尔滨松花江畔俄式建筑前合影。这是他们年轻时谈恋爱的地方。

孙家栋、魏素萍夫妇互敬互爱。魏素萍相夫教子,孝敬老人,白天专职自己钟爱的医务事业,晚上缝衣做饭,勤俭持家,默默支持丈夫的导弹、卫星事业。而孙家栋则在中国航天事业的征程中拼搏耕耘,为祖国的航天事业作出了巨大贡献。如今,孙家栋与魏素萍早已度过钻石婚岁月,每当提到这段姻缘,还能看出他们内心世界的那种甜美。

1994年11月24日,作为中国第一颗大容量通信卫星"东方红三号"总设计师的孙家栋,已经在西昌卫星发射中心待了很长一段时间。此时,

十九、日月如梭　知足常乐

火箭、卫星都已测试完毕,太平洋上的远洋测量船和国内各个测量站也完成了各项准备工作,发射场的各项准备工作都已就绪,卫星发射进入最紧张的时刻。

这一天,作为心脑血管医生的魏素萍,隐隐觉得自己的脑血管有点异常,立即来到病房接受检查、治疗。即便这样,她的半边身子还是失去了正常控制。

一周后,孙家栋在西昌发射场将卫星成功送入太空。多

1959 年 8 月,孙家栋与魏素萍在北京合影

1959 年 8 月,孙家栋与魏素萍在北京合影(左图)

1959 年夏,孙家栋与魏素萍在哈尔滨合影(右图)

1959年10月,孙家栋与魏素萍在北京合影

1960年春节,孙家栋(左二)、魏素萍(左一)夫妇与父亲孙树人、母亲孙张氏、三哥孙家楠(右二)、三嫂(右一)、侄女孙中元(下)在沈阳合影

孙家栋与夫人魏素萍在北京香山

幸福的老两口儿——孙家栋与夫人魏素萍

十九、日月如梭　知足常乐

日的疲劳使他积劳成疾，浑身如散架似的无力。而按照日程安排，他立即返回北京，主持与美国航天代表团的谈判。孙家栋支撑着疲惫的身体，咬着牙完成了谈判并在协议上签了字，当天便躺在担架上被直接抬进了医院。

孙家栋与魏素萍分别住在两所医院。此时，孙家栋才惦记起老伴儿这段时间怎么没有一点儿消息。老伴儿的胆结石症在前段时间发作后，孙家栋一直没有顾得上陪她去看。他出发去西昌时，魏素萍说准备去住院治疗。与她通电话时，孙家栋心里想的都是卫星方面的事情，还总是催她快讲、快讲，用公家的长途电话别啰唆。令他纳闷儿的是，孙家栋问秘书、问司机，他们总是含含糊糊地打马虎眼，还总说："魏老的身体挺好的、挺好的。"

但孙家栋还是很快就弄清了情况，经他再三要求，老两口儿被安排住在同一个医院治疗。医生和秘书陪同他来到魏素萍的病房，看到躺在病床上有气无力的老伴儿，原来想好的轻松话一句也说不出来，他满怀内疚地说："最近工作太忙，脱不开身。要不，早就来看望你了。"而魏素萍凭着做医生的敏感，看到孙家栋苍白的脸上写满了憔悴和疲惫，就猜到他也生病住院了。患脑血栓的魏素萍言语吃力。在她的请求下，医生同意把老两口儿安排到同一间病房。此时，孙家栋和魏素萍虽然不能彼此照顾，但两人近在咫尺，心里也踏实了。

魏素萍从医院出来时，身体半边麻木，不仅腿脚不灵活，连胳膊和手也不听从大脑的指挥。为了让魏素萍的四肢恢复正常功能，孙家栋在精神上鼓励她、在生活上照顾她，还从百忙中挤出时间，和她一起锻炼身体。爱情的阳光、雨露温暖着魏素萍的心。一年后，魏素萍竟奇迹般地康复了，让身边的人都惊讶不已。而有谁能想到，这一年，孙家栋的体重一下子减了20多斤。他还开心地打趣道："这个减肥办法真好，就连最难对付的脂肪肝也一下子就恢复正常了。"

是什么神奇的力量使半身不遂的魏素萍这么快就恢复正常？她动情地说："这是爱情的力量！是家栋用爱心为我创造了奇迹！"

孙家栋平时总没时间去回忆，那时卫星发射成功了，他躺在病床上闲下来以后，家务事不禁一幕幕浮现在眼前。

1967年12月8日，魏素萍就要临产了，可孙家栋整天忙得根本没有时间回家。刚刚组建的中国空间技术研究院，大量工作已全面展开。孙家栋有时想在晚上抽点时间去看一

1999年9月18日，孙家栋荣获"两弹一星功勋奖章"后，与夫人魏素萍合影

十九、日月如梭　知足常乐

2008年4月7日，孙家栋与夫人魏素萍，同他的几任秘书合影。前排左为潘良，后排左起：李钢、付敏、侯秀峰、霍明儒。

看魏素萍，可他这个"拼命三郎"真的没有时间。女儿魏红平安出生后，魏素萍躺在医院的病床上很伤心，别的产妇都有家人全力照顾，她的床边却见不到丈夫的身影。想到这儿，魏素萍一阵阵心酸。第二天晚上，她总算把孙家栋盼来了，可他来到医院的时间太晚了。由于晚上还有等待处理的急事，虽然魏素萍的身体虚弱，但孙家栋仅仅停留了十几分钟，看了看孩子，便匆匆离去。

现在，孙家栋儿孙满堂，他帅气的儿子孙中亮、漂亮的女儿魏红在各自工作岗位上成就着自己的事业。他的儿女们随着年龄的增长，对儿时父亲的忙碌、常常见不到父亲更增加了几分理解和敬佩。一直到现在，孙家栋还总是那样忙碌，但只要父子、父女在一起，儿女仍然在父亲面前无拘无束地顽皮撒娇。每当这时，魏素萍总会面带微笑说，孩子们一见到爸爸就总是长不大。孙家栋与一家人其乐融融那一

1970年,孙家栋的全家福

1983年,孙家栋的全家福

刻,大概就是他精神最为放松之时。

  年迈的孙家栋日常事务繁忙,在生活中与他近距离接触并非易事。2018年初,笔者有幸与孙家栋在海南岛的三亚度假,一起在那儿待了100多个日日夜夜。一日三餐在同一个饭桌,饭后一起沿着林荫道散步,一起海阔天空地随意聊天,

十九、日月如梭　知足常乐

2008年，孙家栋的全家福

2009年，孙家栋80寿辰时，与夫人魏素萍合影

2018年1月，孙家栋与夫人魏素萍在海南三亚（王建蒙摄）

孙家栋推着老伴儿魏素萍，其乐融融

更是难得的机会。孙家栋说："日月如梭，我和魏素萍一路走过来，2019年是我们60周年的钻石婚。"他推着老伴儿一边走一边说，轮椅上的魏素萍回头望着孙家栋，两人都有一种幸福回忆的沉静。孙家栋看着轮椅上的老伴儿，笑眯眯地说："老伴儿今年87岁了。眼睛依然还是那么大。可我这老孙家遗传的眯眯眼，却怎么睁也睁不大了。"

在院子里散步时，魏素萍坐在轮椅上，孙家栋推车；一会儿，他坐着轮椅，魏素萍推车。一幅其乐融融的情景。老两口儿的腿脚都不方便，但此时，他们满脸笑容，就像孩子一样。这样的心境、心态、心情怎能不让他们的同龄人羡慕？怎能不让我们这代人感慨？又怎能不为他们的身心健康而喝彩？

孙家栋说："年轻时，我天天都是从早忙到晚，家里的事确实很少操心。现在，只要一想起过去老伴儿白天工作、晚上顾家受的那些累，我内心顿时都理解了，气也就都顺了。"孙家栋每周定时为老伴儿分药，很认真地把魏素萍在早、

2006年11月，孙家栋与夫人魏素萍在南宁

2010年10月，孙家栋与夫人魏素萍在桂林

中、晚要服的药,一粒一粒分门别类地放入药盒,哪些需饭前服用、哪些是饭后服用,都一一向照顾老伴儿的阿姨交代清楚。笔者看着他坐在床边,把各种药摊在床上,一种一种分好的认真劲儿,不由得问:"这个工作也需要你这科学家来亲自完成?"

孙家栋说:"你可不能轻视这项工作。你听过常言说的吃错药吗?为了老伴儿的身体健康,这点儿事情还是我自己完成才最放心。"这就是旁人难以察觉到的孙家栋对老伴儿的细微关爱。

一天,笔者与孙家栋随意聊天,聊到剪头发时,他笑眯眯地摸着自己的头发说:"你不是有个理发推子吗?帮我理一下不就行了?"

我急忙开玩笑说:"不行、不行,我哪有这把刷子,怎么敢在你这'两弹一星'功勋科学家的头上动土?"

2018年1月,孙家栋与夫人魏素萍在海南三亚(王建蒙摄)

十九、日月如梭　知足常乐

2018年1月，孙家栋与夫人魏素萍在海南博鳌亚洲论坛国际会议中心

2018年1月，孙家栋与夫人魏素萍在海南文昌航天发射塔下

没想到，孙家栋哈哈大笑道："哪有那么严重？搞过'两弹一星'的头跟你的头难道有什么不同？你的头发长了，乱哄哄的。难道搞'两弹一星'的头发长了，就不乱哄哄了？你可以随便给我理呀，无非就是左边理短了再理右边，右边又短了再理左边。理到最后，两边都没有头发了，再把上面的头发一'扫荡'，全理光而已。那又有什么关系？顶多理个光头嘛！"

结果，我小心翼翼地给他理完发，孙家栋鼓励地夸奖道："我说你理发肯定行，这不，理得挺好嘛。"说完，他还竖起大拇指说："我给你点个赞。"

2018年2月,本书作者王建蒙为孙家栋理发(孙帅摄)

二十、心系苍穹　永不停歇

少年勤学，

青年担纲，

你是国家的栋梁。

导弹、卫星，

嫦娥、北斗，

满天星斗璀璨，

写下你的传奇。

年过古稀未伏枥，

犹向苍穹寄深情。

这是2017年2月8日中央电视台感动中国2016年度人物颁奖仪式上，给见证了中国航天事业全部发展历程的孙家栋的颁奖词。

感动中国人物颁奖盛典一直被誉为中国人的年度精神史诗。当选者都是为推动社会进步、时代发展作出杰出贡献，获得重大荣誉并引起社会广泛关注，在各行各业具有杰出贡献或国家级重大项目主要贡献者。他们爱岗敬业，在平凡的岗位上有着令人瞩目的不平凡的事迹，能够为广大民众起到光辉的榜样作用。"功勋科学家，星斗焕文章"，孙家栋也获

二十、心系苍穹　永不停歇

得了这项殊荣。

人们同样不会忘记，2008年7月5日，由《科学中国人》杂志社主办的科学中国人2007年度人物评选在北京揭晓，孙家栋光荣当选。送给孙家栋的颁奖词为：曾经的红衣少年，如今的白发先生，40载航天岁月谱华章。他与同事们，在茫茫星空中镶嵌了30颗中国卫星。如今，他更以儒将之风，挂起探月工程之帅印。

孙家栋在这次评选活动中还荣获最受公众关注奖。送给他的颁奖词为：他是"两弹一星"功勋科学家。从"东方红一号"在九天之外向世界宣告——古老的民族跨进太空时代起，他就和造"星星"结下了不解之缘。他说，他的心愿就是要造一辈子的中国"星"！

孙家栋是中国航天事业60多年发展的一个缩影，也是中国航天事业60多年发展的里程碑式人物。

7年学飞机设计、9年造导弹、50年放卫星的孙家栋，不论是投笔从戎、出国留学，还是放弃航空专业、投身航天事业，不论是从导弹研制转为

国家栋梁孙家栋

卫星研制，还是从技术岗位转为行政领导，始终坚持国家利益高于一切，看名利淡如水，视事业重如山。如今已93岁高龄的孙家栋，仍然在为中国的航天梦呕心沥血、奋斗不息，并且对中国航天事业的未来充满渴望和期待。

感动中国人物衬托着中华民族的文明，放飞追逐着我们积极向上的梦想，也凝聚着中华儿女的百年期盼。

当主持人向参加感动中国人物颁奖仪式的人们说道，让我们向孙家栋这位航天巨匠致敬时，每个人都眼含热泪，爆发出一阵阵激动人心的热烈掌声。

孙家栋爱航天事业，爱得是那么炽烈。他有一句听似平淡，却寓意深刻的话："国家需要，我就去做！"这句话有一种榜样的力量。这种力量让人奋发向上，努力在平凡的岗位上创造出不平凡的业绩。

2018年是中国改革开放40周年，孙家栋的目光回望到40年前。那时，中国的航天产业还处于试验阶段，基础设施落后，研制、生产能力薄弱。孙家栋亲历和见证了中国航天

航天巨匠孙家栋

事业稳步快速发展的 40 年，目睹了如今中国航天不论是设计、制造、发射，还是火箭、卫星和载人飞船的种类、数量、开发应用，都步入世界航天大国的行列。

2018 年 12 月 18 日，在北京人民大会堂隆重召开庆祝改革开放 40 周年大会。党中央、国务院作出《关于表彰改革开放杰出贡献人员的决定》。航天科技事业创新发展的重要推动者孙家栋被授予改革先锋称号，并获得改革先锋奖章。

记者问起他的获奖感言，孙家栋发自内心地说："获得这些荣誉，我心情非常激动，也非常荣幸。但我自己非常清楚，也深深感觉到，航天事业是千人、万人大家共同劳动的结果，是在社会主义集中力量办大事的优势下产生的，奖励是对航天事业的肯定。而我自己做的工作很有限，所以感到心情不安，只有感谢各方面对我的支持和培养，也借此机会向共同战斗的同志们表示感谢。"

2019 年 9 月 29 日，中华人民共和国国家勋章和国家荣誉称号颁授仪式在北京人民大会堂隆重举行。在全球电视观众的注目下，中共中央总书记、国家主席、中央军委主席习近平亲手将"共和国勋章"授予孙家栋。

国家勋章和国家荣誉称号颁授仪式举行当日，从孙家栋与另外 8 位"共和国勋章"获得者由位于北京西长安街的京西宾馆登上专车开始，中央电视台便向全球和全国电视观众进行直播。天安门广场西侧洁净宽阔的道路两旁，分列着高擎红旗的礼兵，肩枪礼兵在人民大会堂东门外台阶上庄严伫立。孙家栋他们的专车在英姿飒爽的国宾护卫队队员护卫下，汇成一列车队，向人民大会堂进发。车队最前面的 7 台礼宾摩托呈人字形开道。那威严、壮观的景象，展现在电视观众和翘首以待、在人民大会堂东门外广场迎候的人群眼前，早已迎候在这里的青少年们发出热情的欢呼，这绝对是国家级的最高礼遇。车停稳后，三个着装一致、个头高挑的帅小伙儿，默契一致地轻轻将孙家栋连同他坐的轮椅抬起，拾阶而上，给人以既人性化又庄严的感觉。人民大会堂东门外的台阶上，铺着长长的红地毯。东门过厅内，绿植点缀，鲜花吐蕊，优美的《红旗颂》旋律温馨回荡、深情悠扬。党和国家功勋荣誉表彰工作委员会成员在这里，以党和人民的至高礼遇，集体迎接孙家栋等功勋模范人物的到来。

　　孙家栋他们与习近平一起来到会场时，全场起立，热烈鼓掌。会场上，18 面鲜艳的五星红旗分列两侧，18 名英姿挺拔的解放军仪仗队礼兵持枪伫立在授勋台两侧。时针指向上午 10 时整，颁授仪式开始。解放军军乐团奏响《义勇军进行曲》，全体与会人员齐声高唱中华人民共和国国歌。

　　颁奖号角奏响后，2 名护旗手高擎五星红旗，3 名礼兵手捧"共和国勋章"，迈着坚实的正步，行进到授勋现场。孙家栋坐在轮椅上，在《向祖国致敬》的乐曲声中，来到授勋台正中。习近平从勋章盒里双手拿起"共和国勋章"，俯身授予孙家栋。习近平与孙家栋亲切握手、眼神对视的瞬间，孙家栋感到了国家最高荣誉的分量。这枚勋章，铭记着中国航天不可磨灭的历程，饱含着航天赤子的爱国情怀，也憧憬着实现祖国航天强国梦的美好未来。

孙家栋双手托起以红色、金色为主色调,镌刻着国徽、五角星、黄河、长江、山峰、牡丹等图案的沉甸甸的"共和国勋章",顿觉勋章饱含全国各族人民团结一心、共筑中华民族伟大复兴中国梦的深刻寓意。

习近平为获奖者颁发勋章、奖章后讲道:"今天我们以最高规格褒奖英雄模范,就是要弘扬他们身上展现的忠诚、执着、朴实的鲜明品格。"

孙家栋荣获"共和国勋章"

"忠诚,就是英雄模范们都对党和人民事业矢志不渝、百折不挠,坚守一心为民的理想信念,坚守为中国人民谋幸福、为中华民族谋复兴的初心使命,用一生的努力谱写了感天动地的英雄壮歌。"

"执着,就是英雄模范们都在党和人民最需要的地方冲锋陷阵、顽强拼搏,几十年如一日埋头苦干,为国为民奉献的志向坚定不移,对事业的坚守无怨无悔,为民族复兴拼搏奋斗的赤子之心始终不改。"

2019年9月28日，在中华人民共和国国家勋章和国家荣誉称号颁授仪式开始前，孙家栋与儿子孙中亮、女儿魏红合影

"朴实，就是英雄模范们都在平凡的工作岗位上忘我工作、无私奉献，不计个人得失，舍小家顾大家，具有功成不必在我、功成必定有我的崇高精神"。

"伟大出自平凡，平凡造就伟大。"只要有坚定的理想信念、不懈的奋斗精神，脚踏实地把每件平凡的事做好，一切平凡的人都可以获得不平凡的人生，一切平凡的工作都可以创造不平凡的成就。一个有希望的民族不能没有英雄，一个有前途的国家不能没有先锋。全社会要敬仰英雄、学习英雄。

此时，孙家栋内心激动，对习近平提出的不忘初心，牢记使命有了新的感悟："对于我们航天人，爱国首先表现在爱航天。爱航天就要执着完成航天事业，把自己的事情做好，为国家增添力量，为国家作出贡献。航天报国就是我的初心使命。"

几十年来，孙家栋对发射场上几百次"点火""起飞""火箭飞行正常""卫星准确入轨"的号令非常熟悉。这些口令如同美妙的音符，时而铿锵，时而柔顺，早已成为孙家栋工作、生活中不可或缺的一部分。几十年如一日，这样一环扣一环的紧张工作，凝聚为一瞬。拼搏者永远是年轻，他好比

二十、心系苍穹　永不停歇

大松树冬夏常青，不怕风吹雨打，不怕天寒地冻，永远挺立在山巅。

中国航天从仿制导弹到自主研发，从近程、中程、远程到高精度洲际导弹；运载火箭从"长征一号"到"长征七号"，运载能力从几百公斤量级到几吨、几十吨量级；人造地球卫星从会唱歌的"东方红一号"，到通信卫星、电视直播卫星、气象卫星、遥感卫星、海洋卫星、定位导航卫星、数据传输中继卫星、月球探测卫星；载人航天从一人寰宇到多人多天，从出舱活动到太空对接，从飞船飞行到与空间目标飞行器在太空对接；航天发射场从发射单一导弹，到低轨、中轨、高轨布局齐全的酒泉、太原、西昌、文昌航天发射场；航天测控通信从简到繁，从国内到国际合作布站，从陆地到"远望号"航天测量船在全球大洋远航，从地面数据传输到太空静止卫星中继接力；航天发射能力从几年发射一次到一

2019年10月，荣获"共和国勋章"后，孙家栋、魏素萍夫妇与本书作者王建蒙、马京生夫妇合影（孙帅摄）

周发射几次,从第一个10次发射历经14年,到现在一年发射40余次,2018年和2019年的发射次数连续两年位居世界第一;从一箭一星、一箭双星到一箭数十星,从单一的国家航天体制到正在探索的创新型军民融合的商业航天体制。2019年10月26日,国家主管部门和领导在浙江湖州现场

孙家栋与身边工作人员孙帅在一起

2019年10月26日,孙家栋为中国首家民营火箭公司——蓝箭航天空间科技股份有限公司液氧甲烷火箭发动机全系统点火试车成功题词祝贺

指导。适应于市场需求,由蓝箭航天空间科技股份有限公司自主研发的液氧甲烷、无污染环保新型运载火箭发动机全系统变推力点火试车取得圆满成功,使民营火箭为中国航天下一步发展提供了延伸和补充,为中国航天发展注入创新活力。从单个小卫星到几十个乃至数量更多的微纳卫星星群、星座,航天产业发展的规模和机制生机勃勃。中国独立自主设计、研制的具有时代特色的空间站已发射升空,开展国际合作,联合探索开发太空奥秘,将翻开人类航天历程的新篇章。中国自主研发的月球车也已落在地球上人类永远无法谋

2018年12月8日凌晨,"嫦娥四号"探测器在西昌卫星发射中心发射成功(王泗江摄)

面的月球另一面，将月球另一面的奇妙图景展现在地球人眼前，并且携带月球物品从 38 万公里的天外回到地球怀抱。

孙家栋深为自己拼搏奋斗一生的航天事业而自豪。如今已有"长征五号""长征七号"，以后还将制造出性能更好、推力更大的"长征九号""长征十号"以及适应市场需要的蓝箭航天"朱雀"火箭。只要有需求，中国就能够提供高质量、高性能、高可靠性、低成本、更为广泛、更为便捷有效的各种应用卫星，更好地造福于社会、造福于千家万户、造福于全人类。

中国有能力、有理由成为世界科技大国、强国，中国人有能力、有自信为世界航天提供支持并作出更多贡献。

2022 年 4 月 8 日是孙家栋 93 周岁华诞。上午 10 点，中国航天科技集团有限公司党组副书记方向明按响了孙家栋家的门铃，孙家栋精神矍铄地迎上前来。按照新冠肺炎疫情的防护要求，大家都戴着口罩，但孙家栋炯炯有神的双眼向来客传递着和善与亲切。

方向明说："孙老总，今天是您的生日。我受集团公司吴燕生董事长委托，代表集团公司党组和全体干部职工为您送上生日祝福，祝您生日快乐、身体健康！"

方向明看到老前辈身体健朗，十分欣慰。他向孙家栋汇报了中国航天科技集团有限公司的发展情况和 2022 年的重点航天任务。2022 年是中国加速建设航天强国的关键之年，计划安排 50 多次航天发射任务，把 140 多个航天器送入太空；空间站建造方面，将依次发射"天舟四号"、"神舟十四号"、实验舱Ⅰ、实验舱Ⅱ、"天舟五号"、"神舟十五号",全面建成舱内活动空间超过110立方米,可实现长期3人、短期6人驻留的空间站;空间站完成功能、性能在轨测试后,将转入太空正常运营。

方向明深情地表示:"感谢孙老等老一辈航天人为我国航天事业发展打下了坚实的基础。我们年轻一辈要继承老一辈航天人的优良传统,将之发扬光大。"

孙家栋高兴地说:"你们工作都很忙,还这么关心我,谢谢你们,祝你们工作顺顺利利。中国航天的未来要靠你们继续努力,推动航天事业更好更快发展。"孙家栋非常关心已经在太空工作了半年的翟志刚、王亚平和叶光富3名航天员的身体状况,他非常赞赏航天员们的顽强毅力,对中国载人航天寄予殷切期望。得知3名航天员在中国空间站圆满完成了各项试验和飞行任务,将乘坐"神舟十三号"飞船返回舱返回地球家园,孙家栋兴奋地表示:"我和全国人民的心情一样,都在期盼着航天员们平安、顺利、凯旋而归。"

2022年4月8日,93岁生日这天、孙家栋摄于北京家中

2022年4月8日，中国航天科技集团有限公司党组副书记方向明来到孙家栋家中，代表集团公司党组和全体干部职工向他送上生日祝福

　　莫道桑榆晚，为霞尚满天。为了推动卫星应用、促进中国航天发展，孙家栋仍然不间断地从东飞向西、从北飞向南，仍然以坚强的毅力、清晰的思维、洪亮的嗓音、丰富的经验和对航天无限热爱的精神，提思路，议方案，树人才，让中国航天跨越式发展的步伐更稳、更快。孙家栋如同太空中的人造卫星，不知疲倦的奉献与付出仍在继续，仍然无止境、不停歇。

　　孙家栋的航天情怀与奉献精神让人们肃然起敬！

　　以孙家栋为代表的中国航天人让人们肃然起敬！

孙家栋院士大事年表

1929 年

4月8日，出生于辽宁省盖平县盖平师范学校。

1936 年

3月，入哈尔滨建设小学读书。

1942 年

6月，考入哈尔滨第一国民高等学校。

1948 年

9月，考入哈尔滨工业大学预科班。

1950 年

3月，参加中国人民解放军空军，在空军第四航空学校任俄语翻译。

1951 年

9月，入苏联莫斯科茹科夫斯基空军工程学院留学。

1956 年

8 月，加入中国共产党。

1957 年

11 月，在莫斯科大学与其他中国留苏学生接受毛泽东主席接见。

1958 年

3 月，荣获苏联最高苏维埃主席团颁发的金质"斯大林奖章"。

4 月，由苏联莫斯科茹科夫斯基空军工程学院毕业回国，分配到国防部第五研究院第一分院，从事导弹研制工作。

1959 年

8 月，与魏素萍在北京结婚。

1964 年

7 月，任导弹总体主任设计师。

1967 年

8 月，任总体技术总负责人，领导我国第一颗人造地球卫星"东方红一号"研制工作。

1970年

4月，中国第一颗人造地球卫星"东方红一号"发射成功。

1971年

3月，任技术总负责人的"实践一号"卫星发射成功。

1975年

11月，任总体设计师的中国第一颗返回式遥感卫星发射成功。

1977年

9月，任中国第一颗地球静止轨道通信卫星总设计师。

1978年

1月，任中国空间技术研究院副院长。

3月，出席全国科学大会，并在大会上发言。

1979年

8月，任"东方红二号"卫星总设计师。

1980年

11月，经中共中央书记处批准，被任命为七机部总工程师。

1982 年

2 月，任航天工业部科学技术委员会副主任、总工程师。

1983 年

5 月，被国务院任命为中国空间技术研究院院长。

1984 年

4 月，任总设计师的中国第一颗同步轨道通信卫星"东方红二号"发射获得成功。

获国家级有突出贡献的中青年专家称号，并荣立航天工业部一等功。

1985 年

10 月，在国际宇航联合会第 36 届大会上当选为国际宇航科学院院士。

同月，任航天工业部党组成员、副部长。

1986 年

4 月，任中国第二代应用卫星"风云二号"，以及中国、巴西合作的第一颗"资源一号"卫星工程总设计师。

5 月，任"东方红三号"卫星工程总设计师。

1988 年

5 月，任航空航天工业部副部长。

10月，任航空航天工业部、国防科工委、外交部联合组成的中国代表团团长，并率团在北京钓鱼台国宾馆与美国代表团就国际商业卫星发射业务的 3 个专题进行会谈。

12月，率代表团赴美国，就签订双方政府协议进行谈判。经过艰苦谈判，双方最终签署了《中美两国政府关于卫星技术安全的协议备忘录》及《中美两国政府关于卫星发射责任的协议备忘录》《中美两国政府关于商业发射服务的国际贸易问题的协议备忘录》。

1989 年

1月，赴美国，代表中国政府与美国政府签署关于卫星商业发射服务的协议书。

3月，任航空航天工业部科学技术委员会主任。

1990 年

3月，当选第七届全国政协委员。

1992 年

10月，当选中国科学院院士。

1993 年

3月，当选第八届全国政协委员。

1994 年

12 月，任北斗导航试验卫星工程总设计师。

1996 年

获何梁何利基金科学与技术进步奖。

8 月，当选国际欧亚科学院院士。

1998 年

3 月，当选第九届全国政协委员。

1999 年

7 月，被聘为中国航天科技集团公司高级技术顾问。

9 月，获"两弹一星功勋奖章"。

2000 年

2 月，受聘为国家航天局特别顾问。

10 月，获中国航天科技集团公司授予的 1998 年、1999 年度航天奖。

2001 年

1 月，受聘为解放军总参谋部军事科学技术研究委员会顾问。

2002 年

3 月，受聘为解放军总装备部科学技术委员会顾问、中国卫星通信广播电视用户协会高级顾问。

4 月，受聘为亚太多边合作秘书处高级咨询委员会主席。

5 月，受聘为解放军总装备部卫星技术专业组特邀顾问。

2003 年

1 月，被任命为探月工程筹备阶段总设计师。

6 月，受聘为哈尔滨工业大学科学技术研究院荣誉院长、学术委员会主任。

7 月，被国务院任命为国家中长期科学和技术发展规划总体战略顾问组成员。

12 月，受聘为国家广播电影电视总局高级顾问。

2004 年

3 月，被任命为绕月探测工程总设计师。

6 月，受聘为复旦大学名誉教授。

8 月，获中国航天科技集团公司航天人才培养突出贡献奖。

2005 年

1 月，参加解放军总装备部在海南召开的新型运载火箭发射场建设综合论证报告评审会。

2006 年

1月，参加全国科学技术大会。

2007 年

1月，陪同温家宝、曾培炎视察绕月探测工程进展情况。

9月，在西昌卫星发射中心参加绕月探测工程总设计师、总指挥检查工作，听取"嫦娥一号"卫星、发射场区准备工作情况汇报。

10月，参加中国首次月球探测工程第一幅月面图像发布仪式。

12月，参加国防科工委召开的首次月球探测工程表彰奖励大会，获首次月球探测工程突出贡献者称号。

2008 年

2月，参加2007中国十大系列英才颁奖典礼，获创新英才奖。

7月，获科学中国人2007年度人物特别奖和最受公众关注奖。

9月，参加中国改革与发展高峰论坛，获中国改革功勋人物奖。

11月，作为轮值主席，在广州主持第六届中国卫星导航（北斗）系统应用论坛。

2009 年

3月，收到钱学森祝福孙家栋80岁生日的亲笔签名贺信。

8月，参加党中央、国务院邀请专家学者北戴河休假活动。

9月30日，出席庆祝中华人民共和国成立60周年国庆招待会。

10月1日，作为"两弹一星功勋奖章"获得者，受中共中央邀请，登上北京天安门城楼，参加中华人民共和国成立60周年国庆阅兵观礼活动。晚上，在天安门城楼上参加庆祝中华人民共和国成立60周年联欢晚会。

2010 年

1月11日，在北京人民大会堂参加全国科学技术奖励大会，荣获国家最高科学技术奖、国家科学技术进步奖特等奖，并代表获奖人员发言。

8月31日，中共中国航天科技集团公司党组作出关于开展向孙家栋院士学习活动的决定。

12月20日，获探月工程"嫦娥二号"任务突出贡献者称号。

2011 年

1月18日，获2010 CCTV中国经济人物终身成就奖。

1月26日，时任中共中央政治局常委、中央书记处书记、国家副主席、中央军委副主席习近平来到孙家栋家中拜年。

5月18日，作为大会轮值主席，在上海主持中国卫星导航学术年会开幕式。

6月28日，获国务院国资委党委授予的中央企业优秀共产党员称号。

7月1日，在北京人民大会堂参加庆祝中国共产党成立90周年大会，并获全国优秀共产党员称号。

7月2日，在北京中南海怀仁堂参加庆祝中国共产党成立90周年座谈会并发言。

2012年

6月4日，参加国家最高科学技术奖获奖者小行星命名仪式。第148081号小行星被命名为"孙家栋星"。

2013年

1月19日，获2012中国科学年度新闻人物（北斗导航系统科研团队）称号。

2月，当选第十二届全国政协委员。

7月4日，获中国卫星通信广播电视用户协会授予的中国卫星应用最高荣誉奖。

2014年

4月28日，主持召开全国北斗导航标准化技术委员会成立大会暨第一次全体会议。

2015 年

1 月 20 日，卸任中国第二代卫星导航系统重大专项总设计师，担任中国第二代卫星导航系统重大专项高级顾问。

7 月 27 日，参加国家科技战略座谈会，并作题为《实施"互联网"+行动，推进天基信息应用发展》的发言。

9 月 3 日，在北京天安门观礼台上参加纪念中国人民抗日战争暨世界反法西斯战争胜利 70 周年大会并观看阅兵式。

2016 年

4 月 23—24 日，参加首个"中国航天日"院士专家座谈会及系列科普活动启动仪式。

10 月 12 日，参加中国航天事业创业 60 周年座谈会，并作题为《回顾航天历史，抒发航天情怀》的发言。

2017 年

1 月 9 日，担任总设计师的"北斗二号"卫星工程荣获 2016 年度国家科学技术进步奖特等奖。

6 月 12 日，参加智慧北斗精准应用峰会。

2018 年

5 月 30 日，在北京参加中国科协成立 60 周年百名科学家百名基层科技工作者座谈会，并在会上发言。

11月19日，中共中央组织部发文，决定孙家栋退休。中国航天科技集团有限公司办公厅返聘孙家栋，请他为集团公司的发展及相关领域的技术把关和课题研究等开展工作。

11月30日，获"风云"气象卫星事业终身成就奖。

12月18日，参加庆祝改革开放40周年大会，获改革先锋称号，并获颁改革先锋奖章。

2019年

9月29日，参加中华人民共和国国家勋章和国家荣誉称号颁授仪式。中共中央总书记、国家主席、中央军委主席习近平颁授"共和国勋章"并合影留念。

2020年

4月，在第五个"中国航天日"到来之际，孙家栋与其他11位参加"东方红一号"人造地球卫星研制发射的老同志联名致信习近平总书记，习近平总书记欣然回信。

7月31日，在北京人民大会堂参加"北斗三号"全球卫星导航系统建成暨开通仪式。习近平总书记宣布"北斗三号"全球卫星导航系统正式开通，标志着北斗工程"三步走"发展战略取得决战决胜。

2021年

2月22日，在北京人民大会堂参加习近平等党和国家领导人会见探月工程"嫦娥五号"任务参研参试人员代表活动,并在习近平与李克强身旁就座,与全体人员合影留念。"嫦娥五号"任务的圆满成功,标志着探月工程绕、落、回"三步走"规划圆满收官。

8月4日,在"北斗三号"全球卫星导航系统建成开通一周年之际,通过视频《我们的太空》发表寄语:"北斗系统开通一年以来,性能指标世界一流,实现了规模化的应用。北斗应用走进了千家万户,真正实现了'天上好用,地上用好'。将来,我们还要建设国家综合时空体系,用强大的北斗建设强大的祖国。"

后 记

应人民出版社之约，完成了《孙家栋画传》。我撰写孙家栋的故事已不是第一次，但每次都会有新的思维灵感和人生感悟，每次都有新的创作内容。我总觉得，书中没有把孙家栋更感人的内心世界挖掘出来，没有把他在中国航天事业发展过程中的拼搏精神和生动故事写出来。

同有着传奇经历、大智大勇的孙家栋初次见面，你看不出他与常人有什么不同。孙家栋慈眉善目，相貌朴实，待人和蔼可亲，工作细致认真。另外，很少看到他有什么大喜大怒的表情。当卫星发射成功时，他没有喜形于色；当航天工程遇到困难时，他泰然处之，给人沉稳、厚重、宽和的感觉。

读者从本书中可以看到，孙家栋在70岁后工作领域扩大，事务增多，而且在国家发展战略方面承担的任务愈来愈繁重。进入80岁后，他的主要工作侧重点转移，研究国家战略的会议上更频繁地出现他的身影。再往后，孙家栋荣获各种奖励、荣誉称号，更多地出现在电视屏幕和报端等各种媒体上。

作为北斗卫星导航工程首任总设计师，每次北斗导航

后　记

卫星发射，他都坐镇卫星发射现场的指挥控制室，没有缺席过一次。步入 90 岁人生的孙家栋，仍然没有赋闲家中，而是只争朝夕地与时间赛跑，谋划着多为航天事业做点事情。

随着在亿万民众中的影响力日益扩大，孙家栋更加低调。他淡泊名利，不居功自傲，不屑于那些凑热闹、出风头的事情。在为中国航天事业拼搏奋斗的征程中，他仿佛是一颗冲天而驰的卫星，默默环绕地球，造福于人类。

通过又一次写孙家栋，愈发感到他身上有许多让我佩服和学习的东西。吸引我的不仅仅是孙家栋走过的航天历程和取得的成果，其实，我更想写的还是他对人生的启迪，他为祖国航天事业默默奉献的心路历程，他对航天的热爱、对事业的执着、对同志的真诚。创作本书，也使我又一次回顾了自己也曾亲历的卫星和火箭发射、中国航天对外开拓等惊心动魄的航天活动，情不自禁地勾起对航天发射的许多美好回忆。

读者朋友能喜欢这本书，能开阔航天知识视野，能从孙家栋身上得到激励，是我最大的希望和心愿。

在此，感谢中国航天科技集团有限公司李钢同志编撰了完整的孙家栋院士大事年表，以及闫宁处长给予的支持；感谢人民出版社的精心策划和辛勤付出。

作 者

2022 年 1 月 26 日于海南清水湾